THOMAS SAMBUC

Folgenerwägungen im Richterrecht

Schriften zum Wirtschaftsrecht

Band 25

Folgenerwägungen im Richterrecht

Die Berücksichtigung von Entscheidungsfolgen
bei der Rechtsgewinnung, erörtert am Beispiel des § 1 UWG

Von

Dr. Thomas Sambuc

DUNCKER & HUMBLOT / BERLIN

CIP-Kurztitelaufnahme der Deutschen Bibliothek

Sambuc, Thomas
Folgenerwägungen im Richterrecht : d. Berücks.
von Entscheidungsfolgen bei d. Rechtsgewinnung,
erörtert am Beispiel d. § 1 UWG. — 1. Aufl. —
Berlin : Duncker und Humblot, 1977.
   (Schriften zum Wirtschaftsrecht ; Bd. 25)
   ISBN 3-428-03900-9

Alle Rechte vorbehalten
© 1977 Duncker & Humblot, Berlin 41
Gedruckt 1977 bei Berliner Buchdruckerei Union GmbH., Berlin 61
Printed in Germany
ISBN 3 428 03900 9

Vorwort

Für Anregung, Kritik und Ermutigung schulde ich zahlreichen Tübinger und Konstanzer Kollegen, Freunden und Lehrern Dank, namentlich den Professoren Josef Esser und Ludwig Raiser, aus deren Seminaren diese Arbeit hervorgegangen ist, und nicht zuletzt Professor Friedrich Kübler, der sie als Dissertation betreut hat. Schließlich bin ich der Deutschen Vereinigung für gewerblichen Rechtsschutz und Urheberrecht zu besonderem Dank für die großzügige Unterstützung der Drucklegung verpflichtet. Das Manuskript wurde Ende 1975 abgeschlossen.

Konstanz/Bodensee, im Sommer 1976

T. S.

Inhaltsverzeichnis

Einleitung

I. Zwei Gerichtsentscheidungen zum unlauteren Wettbewerb 11
II. Strukturwandel im Unlauterkeitsrecht 13
III. Stilwandel der Rechtsprechung 16
IV. Folgenerwägungen 17
   1. Die Verbreitung von Folgenerwägungen 17
   2. Stellungnahmen 17
V. Gang der Untersuchung 20

Erster Teil
Methodologische Anleitung und Kontrolle der Rechtsgewinnung im Unlauterkeitsrecht

I. Allgemeine Interpretationsansätze zu § 1 UWG 22
   1. Der Wortlaut 22
   2. Die klassische juristische Auslegung 22
   3. Die interessenjuristische Methode 23
   4. Generalklauseln und Hermeneutik 25
   5. Fazit 27
II. Spezifische Konkretisierungsbehelfe zu § 1 UWG 28
   1. Der Verweis auf ethische Forderungen 28
   2. Die Flucht in die Leerformeln 30
   3. Die Delegationsfunktion des § 1 UWG 34

Zweiter Teil
Normbildung durch Gerichte

I. Die Trennung von Judikative und Legislative in der Theorie 40
II. Die Konvergenz von Rechtsetzung und Rechtsanwendung 41
   1. Die Auflösung der Dichotomien 41
   2. Erkennen und Entscheiden 42
   3. Die Schranken gesetzlicher Konditionierung juristischen Entscheidens 43
   4. Ergebnisberücksichtigung 46

Inhaltsverzeichnis

    5. Abstrakte/konkrete Konfliktlösungen 48
    6. Politisches/unpolitisches Entscheiden 49
III. Konvergenzprobleme 50
    1. Die Legitimation justizieller Regelbildung 50
    2. Die praktische Befähigung der Justiz zur Sozialgestaltung durch Normbildung 51
    3. Normsetzung und Folgenerwägungen 52

Dritter Teil

Folgenerwägungen in der Rechtsprechung zu § 1 UWG

I. Erste Folgenerwägungen des Reichsgerichts: „Volkswirtschaft" und „Allgemeinheit" 53
II. Die frühe Nachkriegsrechtsprechung: Konsolidierung 57
III. Marktbezogene Unlauterkeit 60
IV. Folgen für das Publikum 75
V. Folgen für die Pressestruktur 82
VI. Folgen für die Intimsphäre 85
VII. Folgen für die technische Innovation 88

Vierter Teil

Folgenerwägungen im Entscheidungsprozeß

I. Vorbemerkung 90
II. Regelvollzug und Regelbildung im Unlauterkeitsrecht 91
    1. Regelvollzug 91
    2. Regelbildung 92
III. Der Entscheidungsprozeß 94
    1. Auflösung von Entscheidungssituationen durch Folgenorientierung 94
    2. Eine utilitaristische Rechtsprechung 94
    3. Konkretisierende Komparation 96
    4. Konkretisierende Komparation in Rechtsprechung und Gesetzgebung 97
    5. Betriebliche und politische Entscheidungstheorien in der Rechtswissenschaft? 98
IV. Folgenerwägungen: Terminologie 100
    1. „Ergebnis" 100
    2. „Rechtsfolgen" 100
    3. „Entscheidungsfolgen" 101

    4. „Output" / „Outcome" 103
    5. „Folgenerwägungen" 104
 V. Folgenerwägungen und sozialrechtliche Unlauterkeit 105

Fünfter Teil
Der praktische Wert von Folgenerwägungen

   I. Wirkungsweisen und deren Nutzen 108
      1. Regelvollzug 108
      2. Dogmatik 109
      3. Regelbildung 110
      4. Unzulässige Folgargumente 111
  II. Folgenerwägungen als Legitimationsgrundlage des Richterrechts? 112
      1. Legitimationsdefizit des Richterrechts 112
      2. Legitimität als soziales Phänomen 113
      3. Legitimitätstypen 114
      4. Legitimation des Richterrechts 117
      5. Legitimation durch Erfolg im Wettbewerbsrecht: Bestands- und
         Funktionssicherung 119
      6. Legitimation durch Begründung 121

Sechster Teil
Instrumentale Bedingungen der Normbildung durch Gerichte

   I. Information 127
  II. Gerichtliche Prognosen 128
 III. Prognosen in den Sozialwissenschaften 129
      1. Hypothetisch-deduktive Prognosen 130
      2. Projektionen und Trendprognosen 132
  IV. Der Wert gerichtlicher Prognosen 133
   V. Technologie 136

Zusammenfassende Thesen 138

Literaturverzeichnis 141

Abkürzungsverzeichnis

Der Gebrauch von Abkürzungen folgt *Hildebert Kirchner*, Abkürzungsverzeichnis der Rechtssprache, 2. Auflage, Berlin 1968.

Die folgenden Abkürzungen werden zusätzlich verwendet:

AfP	Archiv für Presserecht
ebda.	ebenda
Fn.	Fußnote
GRUR Int.	Gewerblicher Rechtsschutz und Urheberrecht, Auslands- und Internationaler Teil
Harvard L. R.	Harvard Law Review
Hrsg.	Herausgeber
JbRSozRTh	Jahrbuch für Rechtssoziologie und Rechtstheorie
J. of Publ. L.	Journal of Public Law
KJ	Kritische Justiz
Mod. L. R.	Modern Law Review
PVS	Politische Vierteljahresschrift
Rdnr.	Randnummer
U. of Pa. L. R.	University of Pennsylvania Law Review
zit.	zitiert bei
ZRP	Zeitschrift für Rechtspolitik

"We must urge upon judges that in their law-declaring function they are indeed lawmakers with the responsibilities for wise social engineering that rests upon all lawmakers.

But we must urge upon them no less that their lawmaking function is subject to limitations that do not bind the legislative lawmaker, and that a compromise between the general security and social progress is likely to be involved in every important step that they take."

(Roscoe Pound)

Einleitung

I. Zwei Gerichtsentscheidungen zum unlauteren Wettbewerb

Die 1869 für den Norddeutschen Bund und zwei Jahre darauf für das Deutsche Reich proklamierte Gewerbefreiheit blieb zunächst — getreu der „Mission des neunzehnten Jahrhunderts..., die Rechtsordnung so zu gestalten, daß der Initiative des einzelnen Wirtschaftssubjektes möglichster Spielraum gelassen werde"[1] — ohne privatrechtliche Schranken. Zwar wurde mit dem Markenschutzgesetz von 1874 der Grundstein für einen umfassenden gewerblichen Rechtsschutz gelegt; für die Kontrolle von Wettbewerbsmißbräuchen und -auswüchsen erwies sich dieses Gesetz jedoch als ein Hindernis: Das Reichsgericht entschied 1880, das Markenschutzgesetz treffe für den Bereich geschäftlichen Handelns eine abschließende Regelung; was es nicht verbiete, sei mithin erlaubt[2].

Nach gemeinem Recht hätte die Handlungsweise des Beklagten (eine krasse Ausbeutung fremden Rufes) als dolos, nach französischem Recht (der Fall spielte im Geltungsbereich des code civil) als Verstoß gegen Art. 1382 CC qualifiziert werden können. Beider Anwendung lehnte das RG ab. Ohne den Fall dogmatisch zu vertiefen, darf davon ausgegangen werden, daß der erwähnte Schluß in seinem „öden Formalismus"[3] zumindest nicht zwingend ist[4].

---

[1] *Sombart*, Die deutsche Volkswirtschaft im neunzehnten Jahrhundert, S. 130.
[2] RG vom 30. XI. 1880, RGZ 3, 67 — „Apollinaris". Das RG hielt diesen Standpunkt lange aufrecht, vgl. etwa RGZ 18, 93 (99 f.).
[3] *Kohler*, Unlauterer Wettbewerb, S. 57.
[4] Vgl. etwa zur selben Frage die abweichende Entscheidung des LG Straßburg vom 30. X. 1885, abgedruckt bei *Kohler*, S. 45 ff. Mögliche Beweggründe

12 Einleitung

Das Urteil stieß auf harte Kritik. *Kohler* meinte, „es wäre doch seltsam, anzunehmen, daß nunmehr jeder dolus im Verkehr gestattet wäre, sofern er nur nicht in eine Verletzung des Markenrechts überginge"[5]. Und *Baumbach* befand: „Hier hatte wieder einmal das beklagenswerte, noch heute nicht ganz überwundene Haften des deutschen Richters am Buchstaben, hier hatte die Neigung des Deutschen zur Scholastik einen verhängnisvollen Sieg gefeiert über die Bedürfnisse des Lebens[6]." Die Folge war, daß das Reichsgericht zum „Hüter der Unanständigkeit"[7] wurde.

Ähnliche Vorwürfe braucht sich die Rechtsprechung zum Unlauterkeitsrecht[8] heute kaum gefallen zu lassen. Betrachten wir etwa eine neuere Entscheidung des Oberlandesgerichts Frankfurt/M.[9]:

Ein großer Verbrauchermarkt hatte gegenüber einem Nahrungsmittelproduzenten den Verbleib von dessen Teemarke im Handelssortiment von der Zahlung einer Pauschale (DM 1000,—) abhängig gemacht. Ein Verband von Markenartikelproduzenten, dem der solcherart genötigte Hersteller angehörte, klagte gegen dieses Vorgehen des Supermarktes unter Berufung auf die §§ 1, 3 UWG. Das OLG gab ihm Recht und führte zur Begründung u. a. aus, es sei „davon überzeugt, daß in aller Regel die Auswirkung solcher Geschäftspraktiken, wie sie die Beklagte verteidigt, nicht darin besteht, dem Verbraucher die erzielten ‚Eintrittsgelder' in dieser oder jener Form weiterzugeben. Vielmehr wird die Regel darin bestehen, daß das ‚Eintrittsgeld' vorweg dem Gewinn des Einzelhändlers zugeschlagen wird und daß die Mehrkosten, die der Hersteller erbringen muß, um sich den Marktzutritt zu verschaffen, auf den Einkaufspreis aufgeschlagen werden. Das System wirkt sich dann preisverteuernd aus... Die Verbraucher werden dadurch benachteiligt, daß sich die Angebotspalette verkürzt und sie nur noch auf *ein* Erzeugnis (oder auf wenige Erzeugnisse) angewiesen sind; die Mitbewerber werden benachteiligt, indem sie — wenn sie nur kleinere Umsätze erzielen können — den Herstellern weniger Marktmacht entgegensetzen und deshalb keine ‚Eintrittsgelder' abnötigen können[10]."

---

der Rechtsprechung des RG erörtert *Steindorff*, Summum ius summa iniuria. S. 61.
[5] *Kohler*, S. 43 f.
[6] *Baumbach*, Kommentar (1929), S. 123.
[7] *Baumbach / Hefermehl*, Kommentar, Einl. UWG Anm. 13.
[8] Zur Terminologie: „Unlauterkeitsrecht" wird im folgenden verstanden als Recht des unlauteren Wettbewerbs, das zusammen mit dem „Wettbewerbsbeschränkungsrecht" (GWB) das „Wettbewerbsrecht" bildet.
[9] OLG Frankfurt vom 6. 5. 1975, WRP 75, 367 — „Eintrittsgelder".
[10] WRP 1975, 369.

Ein Vergleich der beiden Urteile demonstriert eindringlich den fundamentalen Wandel, den die Rechtsprechung zum unlauteren Wettbewerb in knapp hundert Jahren sowohl in inhaltlicher (dazu II.) als auch in stilistischer (dazu III.) Hinsicht erfahren hat.

II. Strukturwandel im Unlauterkeitsrecht[11]

Ein Jahr nach der Apollinaris-Entscheidung des Reichsgerichts beschrieb *Otto Mayer* den damaligen Stand der Bekämpfung des unlauteren Wettbewerbs in zutreffender und — im Hinblick auf das seinerzeit bereits stark ausdifferenzierte französische Recht der „concurrence déloyale" — kritisch vergleichender Weise:

„Das Gebiet des Gewerbebetriebs ist uns ein Gebiet wirklicher Freiheit, auf welchem jede einzelne Handlung nach ihrem Rechtstitel nicht erst gefragt wird. Dem Mitbewerber ist von vorne herein alles erlaubt, was nicht besonders und ausdrücklich verboten ist. So wird bei uns das Strafgesetzbuch zum Hauptregulator der Mitbewerbung[12]."

Spätestens jedoch die Gewährung subjektiver Klagerechte im ersten UWG von 1896, die die Verwirklichung der objektiven Rechtsordnung auch im Bereich des Unlauterkeitsrechts dem „Kampf ums Recht" der Privatrechtssubjekte (hier: der Gewerbetreibenden) anheimstellte, siedelte dieses Rechtsgebiet im Privatrecht an. Nichts illustriert diese Tatsache besser als der Umstand, daß sich der Streit um den Schutzgegenstand des Unlauterkeitsrechts für Jahrzehnte auf die Alternative „Immaterialgüterrecht" oder „Persönlichkeitsrecht" konzentrierte.

Diese allein auf den Konkurrentenschutz bezogene Betrachtungsweise des unlauteren Wettbewerbs überdauerte zunächst auch die Ergänzung des kasuistischen UWG von 1896 durch die Generalklausel des neuen § 1 im Jahre 1909. Noch immer war man dem frühliberalen Harmoniedenken zu stark verbunden, als daß man einen Antagonismus von Wettbewerbsfreiheit hier, Konsumenten- und öffentlichen Interessen dort hätte annehmen können. Gewiß kam es vor, daß Kaufleute ihre Kunden durch unwahre Angaben über Beschaffenheit oder Herkunft der Ware, über Preisbemessung u. ä. zum Geschäftsabschluß drängten. In solchen Praktiken sah man bedauerliche, nichtsdestoweniger punktuelle Entgleisungen bürgerlicher Wohlanständigkeit, in denen sich das Phänomen „unlauterer Wettbewerb" im wesentlichen erschöpfte. Das ist deutlich zu erkennen an § 1 UWG 1896, aber auch noch an der Äuße-

---

[11] Vgl. zum folgenden ausführlich *Ott*, Festschrift für Raiser, S. 403 ff.
[12] *Mayer*, ZHR 26 (1881), S. 434.

rung des Reichstagsabgeordneten *Frank* von 1909: „Der unlautere Wettbewerb gedeiht auf dem Grenzgebiet zwischen Betrug und Reklame[13]." In der vom privaten Gewinninteresse der Kaufleute getragenen Selbstläuterung des Wettbewerbs durch gegenseitige Kontrolle sah man zugleich die Garantie einer Optimierung des Wohls der Verbraucherschaft und der Allgemeinheit[14].

Erst die politischen, ökonomischen, technischen und kulturellen Umwälzungen der beiden auf die UWG-Novelle von 1909 folgenden Jahrzehnte diskreditierten diesen „Konkurrenzidealismus"[15]. Es wurde unübersehbar, „daß der Liberalismus von Anfang an in optimistisch-verharmlosender Form den Individualismus Aller zu einem kollektiven Glück zusammenspielte — eine vorpolitische Gutmütigkeit"[16].

In dem Maße, in dem dieser Optimismus zerbrach, nahmen sich auch die Gerichte der Probleme an, die der Markt nicht mehr löste, sondern hervorrief.

Wegweisend für die Berücksichtigung sozialer Belange bei der Anwendung des § 1 waren die beiden Entscheidungen RGZ 120, 47[17] und RGZ 128, 330[18]. Sie betrafen den Umfang der Klagebefugnis gewerb-

---

[13] Plenumsberatung des zweiten UWG, Reichstagssitzung vom 25. 1. 1909, zit. GRUR 1909, 116.
[14] So hieß es in einer Denkschrift zum 1. Regierungsentwurf, die dem 23. Deutschen Juristentag 1895 vorlag: „Der Schutz des konsumierenden Publikums gegen Übervorteilungen ist nicht der unmittelbare Zweck eines gegen den unlauteren Wettbewerb gerichteten Gesetzes, wenngleich Maßregeln, die in den gegenseitigen Beziehungen der Gewerbetreibenden Treu und Glauben zu befestigen bestimmt sind, mittelbar auch dem Interesse ihrer Abnehmer entgegen kommen werden." (Zit. bei *Lobe*, Die Bekämpfung des unlauteren Wettbewerbs Bd. III, S. 17.)
Auch *Kohler* (Fn. 3), S. 17 f. betont den vermeintlichen Altruismus des Eigennutzes im Wettbewerb: „Das individualistische System unserer Zeit beruht gerade darauf, daß jeder mit seinen wirtschaftlichen Kräften sich bestrebt, das Beste zu erreichen und dadurch das kaufende Publikum zu gewinnen. Dadurch soll die Kraft der Nation aufs höchste gesteigert, Produktion und Handel zur höchsten Blüte gebracht werden. Jeder soll seinen Egoismus anspannen, um zu leisten, was er leisten kann; er soll Tag und Nacht auf Verbesserung sinnen, um dadurch sein Geschäft empor zu bringen und den Gegner aus dem Felde zu schlagen." Im Wettbewerb solle „derjenige zum Ziele gelangen, welcher am besten für die Menschheit wirkt, also die beste Leistung gibt ... So sorgt zwar jeder für seinen Vorteil, aber diese Einzelbestrebung ist nur dann eine berechtigte, wenn sie in einer Weise geschieht, daß hierdurch die Ziele der Kultur erreicht und die Interessen der Gesamtheit gefördert werden."
[15] *Thiedig*, Suggestivwerbung und Verbraucherschutz, S. 72 u. ö.
[16] *Gehlen*, Moral und Hypermoral, S. 63.
[17] Vom 24. I. 1928 — „Markenschutzverband", vgl. dort S. 49.
[18] Vom 29. IV. 1930 — „Graf Zeppelin", vgl. dort S. 342 f. Ferner RG vom 7. III. 1930, GRUR 1930, 540.

II. Strukturwandel im Unlauterkeitsrecht

licher Verbände nach § 13 UWG a. F.[19] und weiteten diese in der Erwägung aus, daß „die Unterlassungsklage, die an sich nur den Konkurrenten schützen soll, in Wahrheit doch — wie das ganze Wettbewerbsgesetz — den Auswüchsen des Wettbewerbs auch im öffentlichen Interesse entgegentreten und daher die Verfolgung der betreffenden Rechtsverletzungen nicht dem Belieben des unmittelbar Verletzten allein überlassen will"[20].

Die Bedeutung dieser Entscheidungen für den Ausbau der „sozialrechtlichen Unlauterkeit" in den nunmehr vergangenen Jahrzehnten kann kaum überschätzt werden.

Etwa zur gleichen Zeit, im Jahre 1931, gab das Reichsgericht erstmals ausdrücklich den Verbraucherbelangen Raum bei der Konkretisierung der „guten Sitten" i. S. v. § 1 UWG. Es untersagte die Ausbeutung der Not von der Weltwirtschaftskrise betroffener Bevölkerungsschichten für wettbewerbliche Zwecke[21]. Bei dieser Entscheidung handelt es sich noch um einen typischen Fall von Billigkeitsrechtsprechung, die auf eine präjudizielle Bildung fester Regeln verzichtet und nicht mehr anstrebt als die „befriedigende" Lösung des Einzelfalles. Die durchdachte Anerkennung der Verbraucherbelange im UWG und die präzisere Ausbildung entsprechender Regeln erfolgte erst nach 1945[22].

„Das UWG-Recht schützt gleichmäßig die Interessen der Mitbewerber, der übrigen Marktbeteiligten und der Allgemeinheit gegen unlauteres Verhalten im Wettbewerb[23]."

So läßt sich mit *Hefermehl* die heute ganz überwiegende Meinung zur Frage der vom UWG verfolgten Zwecke formulieren[24]. Sie wird auch vom OLG Frankfurt in der genannten Entscheidung vertreten. Das Apollinaris-Urteil des Reichsgerichts war von alledem weit ent-

---

[19] Die Klagebefugnis der Verbraucherverbände datiert erst aus dem Jahre 1965 (Änderungsgesetz vom 21. VII. 65, BGBl. I 625).
[20] RGZ 120, 49. Der Zeitpunkt dieser Entscheidungen entliebt sie des möglichen Verdachts, Abkömmlinge nationalsozialistischer Volksgemeinschaftsideologie zu sein. Damit wird nicht bestritten, daß diese Ansätze nach 1933 dankbar aufgegriffen und pervertiert wurden. Zum Einfluß insbesondere des Rassismus auf die Anwendung der Generalklausel vgl. *Rüthers,* Die unbegrenzte Auslegung, S. 221 ff.
[21] RG vom 6. III. 1931, MuW 1931, 376 (378).
[22] Vgl. aus der Literatur der letzten Jahre *Hefermehl,* Festschrift für Kastner, S. 183 ff.; *Ott* (Fn. 11), S. 428 ff.; *Reich / Wegener,* JuS 1974, 564; *Schluep,* ZSR 1972, 353 ff.; *Thiedig* (Fn. 15), pass.; *Schricker,* GRUR Int. 1970, 32 ff.; *Loewenheim,* GRUR 1975, 99 ff.
[23] *Baumbach / Hefermehl,* Einl. UWG Anm. 47.
[24] Grundlegend *Eugen Ulmer,* GRUR 1937, 772. Ebenso *Knöpfle,* Der Rechtsbegriff Wettbewerb, S. 61 f.; *Schricker,* Gesetzesverletzung und Sittenverstoß, S. 252 f.

fernt. Insofern kontrastieren der Ausgangs- und der vorläufige Endpunkt der gerichtlichen Unlauterkeitskonzeptionen, ja ganzer Wettbewerbsphilosophien in diesen beiden Entscheidungen.

III. Stilwandel der Rechtsprechung

Was hier zunächst als „Stilwandel"[25] bezeichnet wird, werden wir später als Symptom einer tiefgreifenden Umwälzung der Funktionen, Arbeitsweisen und Legitimationen von Rechtsprechung darzustellen haben. Halten wir uns hier vorläufig an die gewandelten Äußerlichkeiten:

Das Reichsgericht begründet seine Entscheidung mit einem klassischen juristischen Schluß, dem argumentum e contrario. Im Wettbewerb gewähre nur das Markenschutzgesetz Unterlassungsansprüche; da eine Zeichenverletzung nicht vorliege, sei die Klage unbegründet. Auf die praktische Brauchbarkeit dieses Ergebnisses wird kein Wort, möglicherweise auch kein Gedanke verschwendet. Auf die erwähnten Vorhaltungen aus dem juristischen Schrifttum hätten die Richter möglicherweise geäußert, es sei Sache des Gesetzgebers, das Unwesen in Handel und Gewerbe zu bekämpfen; sie seien dazu weder fähig noch berufen. Das Ansinnen, bei der Rechtsfindung die Auswirkungen ihrer Entscheidungen auf das Wirtschaftsleben zu berücksichtigen, wäre vermutlich als Zumutung zurückgewiesen worden.

Ganz anders das OLG Frankfurt: Es begründet sein Verbot der sog. Eintrittsgelder — neben der Berufung auf das Prinzip des Leistungswettbewerbs, dem Zweck des § 18 GWB und einem Präjudiz — vorwiegend mit dem Hinweis auf wirtschaftliche Auswirkungen, die eine gegenteilige Entscheidung (die Zulassung derartiger Praktiken) voraussichtlich hätte. Das Ergebnis der Entscheidung — und zwar nicht nur der konkrete Rechtsfolgenausspruch, sondern auch dessen Fernwirkungen in der sozialen Wirklichkeit — wird in ausschlaggebender Weise herangezogen, um die Entscheidung selbst zu rechtfertigen. Wie weit sich das Gericht von der — weithin immer noch als Normalfall begriffenen — klassischen juristischen Arbeitsweise, der subsumtionsgeleiteten ‚am Ergebnis desinteressierten Entscheidung eines Einzelfalls entfernt hat, zeigt das erfreulich unbefangene Eingeständnis, auch „wirtschaftspolitische Erwägungen" hätten dazu geführt, der Klage stattzugeben[26].

---

[25] Vgl. allgemein zum derzeitigen „Stil" der deutschen obergerichtlichen Rechtsprechung im Vergleich zu ausländischen Gerichten *Kötz*, Über den Stil höchstrichterlicher Entscheidungen.
[26] WRP 1975, 369.

IV. Folgenerwägungen

Die Verwendung von Gesichtspunkten, wie sie das OLG Frankfurt in seiner Urteilsbegründung anführt, wollen wir vorläufig undifferenziert als „Folgenerwägungen" kennzeichnen. Derartige Argumente, die sich nicht nur in der UWG-Rechtsprechung finden, sind seit einiger Zeit Gegenstand zahlreicher literarischer Stellungnahmen geworden. Dieser Meinungsstand soll hier dargestellt werden, ohne zuvor eine begriffliche oder typologische Festlegung zu treffen. Diese würde die Vielfalt der in die Diskussion eingebrachten Termini in einer für deren Darstellung unfruchtbaren Weise beschneiden.

1. Die Verbreiterung von Folgenerwägungen

Daß Gerichte sich (auch) an den Ergebnissen (im weitesten Sinne) ihrer Entscheidungstätigkeit orientieren, kann als unstreitig gelten. So konstatiert *Adomeit* eine „zentrale Stellung", die das „Denken vom Ergebnis her" in der höchstrichterlichen Rechtsprechung eingenommen habe[27]. *Luhmann* bezeichnet das „Argumentieren vom Ergebnis her" als „das, was gegenwärtig als guter juristischer Stil empfunden, gelehrt und praktiziert wird"[28], während *Hopt* von einem „bekannte[n] Trend zur Folgenorientierung in der Rechtswissenschaft"[29] spricht.

2. Stellungnahmen

Von einem vergleichbaren Konsens hinsichtlich des Wertes von Folgenerwägungen kann keine Rede sein. Die Ansichten bewegen sich hier zwischen hoffnungsvoller Zustimmung und entschiedener Ablehnung.

a) Einige Autoren versprechen sich von der Einbeziehung der Entscheidungsfolgen in den Rechtsgewinnungsprozeß eine Begründungshilfe für Wertentscheidungen, die die Offenheit und Unabgeschlossenheit der positiven Rechtsordnung dem Richter abverlangt.

So meint *Podlech*, „nur durch Folgendiskussionen ließen sich intersubjektiv überprüfbare und relativ weltanschauungsinvariante Begründungen für Wertungen leisten"[30]. *Schlink* verschärft *Podlechs* These dahin, „daß in dem Raum von Freirechtlichkeit, der durch konditionale Programme nicht abgedeckt ist, Entscheidungsfindung nur über die Diskussion von Zwecken und Folgen geschehen kann, wenn nicht die

---

[27] ZRP 1970, 179.
[28] Rechtssystem und Rechtsdogmatik, S. 31.
[29] JZ 1975, 343 Fn. 28.
[30] *Podlech*, AöR 95 (1970), 201. Ähnlich *Winter*, Rechtstheorie 1971, 178 f.

ganz subjektiven ... Wertungen des jeweiligen Entscheiders ungeprüft Eingang finden sollen[31]. Ähnlich argumentieren *Rottleuthner*, der meint, daß u. a. durch Folgendiskussionen „an die Stelle scheinmethodischer Rechtfertigungen ... eine größere Transparenz der forensischen Begründungen"[32] treten könnte und *Säcker*: „Die vom Richter in den durch keine positivrechtliche Wertung eindeutig geordneten Fällen getroffene Entscheidung kann ... nicht als richtig oder falsch, sondern nur vom ‚Wert' des Ergebnisses her als befriedigend oder unbefriedigend, als sachgerecht oder nicht sachgerecht, als vernünftig oder unvernünftig kritisiert werden[33]."

Adomeit bezeichnet die Erweiterung des herkömmlichen juristischen Instrumentariums durch die „Folgenanalyse", die auf die Frage antworte: „Was werden die dogmatisch vertretbaren Lösungen im Falle ihrer rechtlichen Anerkennung jeweils sozial bewirken?", unter Verweis auf *Krieles* „Theorie der Rechtsgewinnung" als „wichtigste Leistung der heutigen Methodenlehre"[34]. *Hoffmann-Riem* schließlich sieht es als „herrschende juristische Auffassung" an, „daß die Folgen der Norminterpretation bzw. einer konkreten Entscheidung mitberücksichtigt werden müssen, und daß insbesondere wertende Entscheidungen auf einer Folgendiskussion beruhen müssen"[35].

b) Am anderen Ende des Meinungsspektrums findet sich herbe Kritik an der Ergebnisorientierung der Praxis. Als konsequentester Streiter für eine weitgehende Folgenignorierung ist *Luhmann* zu nennen[36]. Er befürchtet, „daß ein Rechtssystem, dem eine gesellschaftspolitische Folgenorientierung zugemutet wird, seine dogmatische Selbststeuerung preisgibt und sich überhaupt nicht mehr an Kriterien orientiert, die das Entscheidungsprogramm transzendieren, sondern nur noch direkt an den Folgenerwartungen selbst"[37].

Speziell im Hinblick auf die Rechtsprechung zu § 1 UWG meint *Kraft*, die „Berücksichtigung wirtschafts- oder rechtspolitischer Gesichtspunkte... würde den Bereich der Rechtsanwendung mit dem der Rechtssetzung in unzulässiger Weise" vermengen[38].

---

[31] JbRSozRTh II (1971), 342.
[32] Rechtswissenschaft als Sozialwissenschaft, S. 11.
[33] Grundprobleme der kollektiven Koalitionsfreiheit, S. 113.
[34] *Adomeit* (Fn. 27). Ebenso *Schwerdtner*, Rechtstheorie 1971, 87.
[35] Medienwirkung und Medienverantwortung, S. 24. Zustimmend *Lüscher*, Jurisprudenz und Soziologie, S. 87. In die hier skizzierte Richtung geht auch *Teubner*, Rechtstheorie 1975, 179 ff.
[36] Vgl. etwa AöR 94 (1969), 3; *Luhmann* (Fn. 28), S. 31 ff.
[37] *Luhmann* (Fn. 28), S. 48.
[38] Festschrift für Bartholomeyczik, S. 234.

IV. Folgenerwägungen

Daneben findet sich ein weniger grundsätzliches Bedenken, nämlich die Skepsis gegenüber der Fähigkeit der Gerichte, insbesondere die Fernwirkungen ihrer Entscheidungen zutreffend abzuschätzen:

„Im allgemeinen wird ein Gericht nicht in der Lage sein, sich beim Erlaß einer Grundsatzentscheidung möglichst vollständigen Aufschluß über ihre sozialen Implikationen und Konsequenzen zu verschaffen. Seine Informationsmöglichkeiten stehen hinter denen der Gesetzgebungsorgane verhältnismäßig weit zurück[39]."

c) Neben den grundsätzlich positiven bzw. ablehnenden bis skeptischen Stellungnahmen findet sich vielfach vorsichtige Zustimmung[40], die jedoch meist an eine Einbeziehung der Sozialwissenschaften in die juristische Praxis und Ausbildung oder an eine dogmatische Bewältigung der Folgenerwägungen geknüpft ist.

Diese Kontroverse wird vorwiegend in beiläufigen Bemerkungen oder in Fußnoten ausgetragen. Das könnte zu der Annahme verleiten, es handele sich hier um eine unbedeutende Meinungsverschiedenheit, die ihre scheinbare Schwere einer völlig uneinheitlichen Terminologie der Diskussionsteilnehmer verdankt. Diese Sprachverwirrung ist zwar nicht zu bestreiten[41], die unterschiedlichen Standpunkte zum Problem „Folgenerwägungen" haben ihre Wurzel aber vermutlich viel eher in grundsätzlich divergierenden Auffassungen über die Funktion von Rechtsprechung überhaupt.

Die praktische Relevanz von Folgenerwägungen andererseits wird dadurch unterstrichen, daß Berücksichtigung bzw. Ignorierung von Entscheidungsfolgen auf den Inhalt eines Urteils maßgeblichen Einfluß haben können.

Angesichts einer unbestritten starken Verbreitung der Begründung richterlichen Entscheidens durch dessen eigene Konsequenzen sowie der Tatsache, daß derartiges Vorgehen nur schlecht in das Bild paßt, das man sich herkömmlicherweise von Rechtsprechung macht, verwundert es, daß dieses Thema überwiegend in marginalen Äußerungen abgehandelt wird. Die diesbezügliche Praxis der Gerichte wird zwar über-

---

[39] *Heldrich*, JbRSozRTh III (1972), S. 337. Ähnliche Bedenken finden sich bei *Wells / Grossman*, J. of Publ. L. 1966, S. 305; *Noll*, Gesetzgebungslehre, S. 50; *Luhmann*, Rechtssoziologie Bd. II, S. 236 Fn. 63; *Steindorff*, Summum ius summa iniuria, S. 68, 78; *Coing*, JuS 1975, 278.
[40] *Adomeit* (Fn. 27); *Brohm*, DRiZ 1974, 274 Fn. 6; *Coing* (Fn. 39); *Ecker*, JZ 1967, 271; *Hopt*, JZ 1975, 346; *Koch*, Rechtstheorie 1973, 205 f.; *Kübler*, Über die praktischen Aufgaben zeitgemäßer Privatrechtstheorie, S. 51 ff.; *Naucke*, Über die juristische Relevanz der Sozialwissenschaften, S. 44; *Rüssmann*, JuS 1975, 352 ff.
[41] Sie soll für unsere Zwecke in Teil 4 IV beseitigt werden.

wiegend wohlwollend aufgenommen, eine Untersuchung ihres Nutzens und ihrer Schwierigkeiten steht jedoch aus. Folgenerwägungen scheinen ein Beispiel dafür zu sein, daß nach dem durch die moderne Methodenkritik herbeigeführten Ableben des juristischen Determinismus „die Praxis bereits neue Argumentationsmuster entwickelt hat, von denen die Methodenlehre ihrerseits noch keine Kenntnis genommen hat"[42].

V. Gang der Untersuchung

Eine begründete Stellungnahme zu Wert oder Gefahren von Folgenerwägungen verlangt neben einer Sichtung der Rechtsprechung vor allem die Einordnung dieses Problems in einen methodologischen und rechtstheoretischen Rahmen. Diese Einordnung soll vorab in den ersten beiden Kapiteln erfolgen. Teil 1 referiert die methodologische Diskussion zu § 1 UWG. Er zeigt ,wie die herkömmlichen juristischen Arbeitsweisen an der Bewältigung der Generalklausel gescheitert sind und wie in der Folge Rechtspraxis und Rechtswissenschaft die Auswanderung eines ganzen Rechtsgebiets aus dem „freundlichen Hafen der Subsumtionstätigkeit"[43] in die freien, aber rauhen Gewässer eines weitgehend autonomen Richterrechts betrieben haben.

Teil 2 versucht, diese Entwicklung in einen größeren, das UWG mit umfassenden Rahmen zu stellen: die funktionale Annäherung der Rechtsprechung an die Gesetzgebung. Zugleich werden die wichtigsten Aufgaben umrissen, vor die diese Konvergenz die Rechtsprechung stellt: welcher Entscheidungsweisen, Legitimationen und Technologien bedarf eine quasi-legislatorisch agierende Justiz?

Bevor diesen Fragen unter dem Gesichtspunkt der Folgenerwägungen weiter nachgegangen wird, referiert Teil 3 als Beispiel einer stark folgenorientierten Rechtsprechung die einschlägige Judikatur zu § 1 UWG. Die durch die praktischen Beispiele gewonnene Anschaulichkeit erschien wertvoll genug, um sie mit einer möglicherweise mangelnden Verallgemeinerungsfähigkeit mancher Ergebnisse zu erkaufen.

In den Kapiteln 4 bis 6 soll der Beitrag untersucht werden, den Folgenerwägungen zur Lösung der oben angeschnittenen Fragen leisten können: Helfen sie bei der Legitimation des Richterrechts? Ist Richterrecht ohne sie überhaupt denkbar? Wann und wie fließen sie in den Entscheidungsprozeß ein? Und vor welche Anforderungen stellt ihre adäquate Durchführung die Gerichte?

---

[42] *Eckhold-Schmidt*, Legitimation durch Begründung, S. 15.
[43] *Hopt*, JZ 1974, 554.

V. Gang der Untersuchung

Schon jetzt rückt also das Phänomen des Richterrechts in den Mittelpunkt unserer Betrachtung. Das Unlauterkeitsrecht eignet sich auch deshalb gut für die exemplarische Bearbeitung der allgemeinen Thematik „Folgenerwägungen", weil es im Bereich des § 1 UWG ein reines Fallrecht ist, in dem uns nur die Gerichte sagen, was Rechtens ist.

Dieser Rückzug des Gesetzgebers aus der Regelungsaufgabe mag 1909 ein Einzelfall gewesen sein; heute ist er es nicht mehr. „Und dies beruht nicht auf zufälligem, vorübergehenden Versagen, sondern es hat seine Ursachen in den ständig sich vollziehenden Veränderungen und in den Variabilitätserwartungen einer auf wissenschaftlich-technischen, ökonomischen, sozialen und damit politischen Wandel eingestellten Gesellschaft[44]."

In dem Ausmaß, in dem Richterrecht in die geräumten legislatorischen Stellungen nachrückt, werden seine Herstellung und sein Inhalt zu einer Aufgabe sozialer Gestaltung — ganz im Sinne *Pounds*[45]. Diese Aufgabe ist ohne Folgenerwägungen möglicherweise nicht mehr zu lösen.

---

[44] *Denninger*, Staatsrecht Bd. I, S. 104.
[45] Die eingangs zitierten Sätze entstammen „The Theory of Judicial Decision", 36 Harvard L. R. (1923), S. 940 (956). Zu *Pounds* Bedeutung für die US-amerikanische Rechtswissenschaft vgl. *Weiss*, Die Theorie der richterlichen Entscheidungsfindung in den Vereinigten Staaten von Amerika, S. 46 ff.

Erster Teil

Methodologische Anleitung und Kontrolle der Rechtsgewinnung im Unlauterkeitsrecht

I. Allgemeine Interpretationsansätze zu § 1 UWG

1. Der Wortlaut

„Wer im geschäftlichen Verkehre zu Zwecken des Wettbewerbes Handlungen vornimmt, die gegen die guten Sitten verstoßen, kann auf Unterlassung und Schadensersatz in Anspruch genommen werden."

Ein um Unbefangenheit bemühter Leser dieses Satzes, dem nicht nur Rechtsprechung und Literatur der letzten Jahrzehnte, sondern auch die weit ältere juristische Tradition der „boni mores" unbekannt sind, wird ihm nicht sehr viel mehr entnehmen können, als daß im geschäftlichen Verkehr offenbar nicht alles erlaubt sein soll. Auf eine inhaltliche Präzisierung angesprochen, wird er vermutlich auf Normen der Alltagsmoral verweisen: gewisse Dinge „gehören sich eben nicht". „Man" haut seine Kunden nicht übers Ohr, besticht nicht die Angestellten des Konkurrenten usw. Das Abstellen auf den Wortlaut kann folglich nur ein gefühlsgeladenes, archaisches Unlauterkeitsrecht hervorbringen.

2. Die klassische juristische Auslegung

Nicht viel weiter hilft die Anwendung des klassischen, auf *Savigny*[1] zurückgehenden Auslegungskanons:

a) Grammatikalisch ist nicht zu erschließen, ob eine Handlung gegen die „Sitten", also gegen tatsächlich geübte Bräuche, Gewohnheiten oder Konventionen verstoßen muß, oder vielmehr gegen die eine „Sittlichkeit", also Ethik, Moral (wessen auch immer).

b) Auf den ersten Blick erfolgversprechender ist ein systematisches Argument, nämlich der naheliegende Verweis auf die §§ 138, 826 BGB, die historisch vor § 1 UWG entstanden und auf denen der Sprachgebrauch in § 1 UWG beruht[2]. Die sprachliche Übereinstimmung, die ver-

---

[1] System des heutigen römischen Rechts, Bd. I, S. 212 ff.
[2] Nachweise dazu bei *Schricker*, Gesetzesverletzung und Sittenverstoß, S. 186 ff.

gleichbare Zielsetzung der Verhinderung des Mißbrauchs rechtlich gewährter Vertrags-, Handlungs- und Gewerbefreiheit[3] und die gemeinsame Wirkung als „Freiheitsbeschränkung"[4] dürfen jedoch über die systematischen Differenzen zwischen § 1 UWG und den BGB-Vorschriften nicht hinwegtäuschen: letztere stellen als teils moralische[5], teils ordnungspolitische[6] Beschränkung der Privatautonomie bzw. als delichtsrechtlicher „Auffangtatbestand"[7] einen „Einbruch nicht axiomatisch eingebauter materieller Rechtsprinzipien in das Kodifikationssystem"[8] dar. Sie sind Mittel zur richterlichen Erweichung des Strengrechts. § 1 UWG ist viel mehr: Er überträgt die Ausgestaltung fast eines ganzen Rechtsgebiets, die Korrektur von „Auswüchsen" der Wettbewerbsfreiheit der Rechtsprechung[9].

Dies bedeutet nicht einen durch den unaufhebbaren Widerspruch von Streng- und Billigkeitsrecht erzwungenen punktuellen Rückzug des Gesetzgebers aus der Regelungsaufgabe, sondern seine Kapitulation vor der Lebensvielfalt in einem gesellschaftlichen Teilbereich.

c) Da auch Teleologie, soweit sie nach einem im Gesetz angelegten, subjektiv gemeinten Regelungsziel fragt und Logik den bis hierher erreichten Erkenntnisstand kaum zu fördern vermögen, bleibt schließlich die sog. historische Auslegung. Die Erforschung eines historisch-psychologisch verstandenen „Willens des Gesetzgebers" bleibt jedoch ergebnislos, da der Gesetzgeber sich in diesem Fall einer inhaltlichen Festlegung dessen, was im geschäftlichen Verkehr erlaubt sein soll, gerade enthalten hat[10].

3. Die interessenjuristische Methode

a) Die klassische Interessenjurisprudenz:
Befragt man die „klarsichtigste und wirklichkeitsnächste aller zeit-

---

[3] *Wieackers* Einschätzung der §§ 138, 826 BGB läßt sich in dieser Hinsicht zwanglos auf § 1 UWG übertragen, vgl. Das Sozialmodell der klassischen Privatrechtsgesetzbücher, S. 25.
[4] Vgl. *Steindorff*, Summum ius summa iniuria, S. 58 ff.
[5] Vgl. etwa *Staudinger / Coing*, Anm. 6 zu § 138 BGB.
[6] Vgl. *K. Simitis*, Gute Sitten und ordre public, passim.
[7] *Larenz*, Schuldrecht Bd. II, S. 484.
[8] *Esser*, Grundsatz und Norm, S. 150.
[9] Auch *Schricker* (Fn. 2) betont die charakteristische „wettbewerbliche Färbung" des § 1 UWG.
[10] Es kann hier dahingestellt bleiben, ob das Auslegungsziel der „subjektiven" Theorie grundsätzlich berechtigt ist oder ob nicht vielmehr nach dem „objektiven" Sinn einer Norm zu fragen ist, vgl. *Larenz*, Methodenlehre, S. 302 ff.; *Esser* (Fn. 8), S. 176; *Rottleuthner*, Rechtswissenschaft als Sozialwissenschaft, S. 25 ff. und speziell zu § 1 UWG *Baumbach*, Kommentar, S. 130.

genössischen Methodenlehren"[11], die vornehmlich von *Philipp Heck* begründete Interessenjurisprudenz, nach einer Anleitung zur Handhabung von Generalklauseln, so wird man auch von ihr enttäuscht. Der Kern ihrer Lehre besagt, daß der Richter die vom Gesetzgeber intendierte Abgrenzung der in der Rechtsgemeinschaft vorhandenen Interessen in „denkendem Gehorsam" nachzuvollziehen habe. Diese Anweisung läßt indes den Richter dort ratlos, wo eine gesetzgeberische Interessenbewertung nicht oder in einer zu unklaren Form stattgefunden hat, als daß ein noch so angestrengt nachdenkender Gehorsam sie auf die Entscheidung des Einzelfalles übertragen könnte. Folgerichtig heißt es daher bei *Heck*: „Auch der Gesetzgeber kann strikten Gehorsam wollen und er kann dem Richter eine freiere Stellung einräumen... Wir finden Vorschriften des *starren Rechts,* bei denen die angemessene Spezialwirkung zugunsten der Generalwirkung, insbesondere der Sicherheit des Rechts zurücktritt, bei denen, militärisch ausgedrückt, die Gerichte in geschlossener Ordnung marschieren sollen. Daneben finden sich zahlreiche Delegationen und Blankettworte, die ein weitgehendes Vertrauen in die Wertung des Richters bekunden. Die Tragweite der einzelnen Vorschrift ist durch Auslegung zu ermitteln. Als Grundsatz ist aber die freie Stellung des Richters anzuerkennen[12]."

In diesen Fällen ist der Richter also zur Eigenwertung ermächtigt. Auf herrschende Wertanschauungen braucht er nicht zurückzugreifen, denn „Dummheit und Schlechtigkeit sind noch nicht verehrungswürdig oder unschädlich, weil sie als Massenerscheinung auftreten"[13].

b) Interessenabwägung im Unlauterkeitsrecht:

Wenn trotz der offenbaren Ungeeignetheit des Rechtsfindungsmodells der klassischen Interessenjurisprudenz für die Anwendung des § 1 UWG immer häufiger die Empfehlung ausgesprochen wird, eine „Interessenabwägung" vorzunehmen[14], so drängt sich die Vermutung auf, daß die terminologische Übereinstimmung den Blick auf wesentliche sachliche Unterschiede der gemeinten Verfahren verstellt.

Gewiß verlangt die Interessenjurisprudenz „eine genaue Prüfung, Wertung und Abwägung der beteiligten Interessen und aller sonstigen rechtserheblichen Umstände des Einzelfalles"[15]. Nach *Heck* wäre jedoch

---

[11] *Kriele,* Theorie der Rechtsgewinnung, S. 205.
[12] Gesetzesauslegung und Interessenjurisprudenz, S. 55.
[13] *Heck,* S. 137.
[14] *Kraft,* Interessenabwägung und gute Sitten im Wettbewerbsrecht, S. 128 und pass.; *Baumbach / Hefermehl,* Einl. UWG Anm. 39 a. E.; *Sack,* GRUR 1970, 500.
[15] *Kraft,* S. 128.

I. Allgemeine Interpretationsansätze zu § 1 UWG

die Interessenanalyse nur die notwendige Vorarbeit für die anschließend zu vollziehende Erkenntnis der Bewertung dieser Interessen durch die gesetzliche Vorschrift, während bei der Anwendung des § 1 UWG die Bewertungskriterien dieser Norm selbst nicht entnommen werden können, sondern anderweit gefunden oder aufgestellt werden müssen.

War es das Hauptanliegen *Hecks*, den Richter im Regelfall vor eigenständiger Fallentscheidung zu bewahren[16], so erfordert die Generalklausel das genaue Gegenteil: nicht Gehorsam, sondern Normbildung[17], selbständige Entscheidung über Wertpräferenzen. Diese verlangt aber nach Begründungen, die das Verfahren Interessenabwägung als solches nicht bereitstellt[18].

4. Generalklauseln und Hermeneutik

Zum Verständnis des hier geschilderten Sachverhalts der mangelnden Anleitung und Kontrolle der Generalklauselkonkretisierung können hermeneutische Denkweisen und Begriffe beitragen.

Dabei wird nicht verkannt, daß der Prozeß der Rechtsgewinnung — als praktischer, normativer, systematischer Vorgang — durch die historisch-philologisch orientierte Verstehenslehre der Hermeneutik nicht hinreichend beschrieben wird. Gleichwohl wird der Jurist im Hinblick auf eine Rechtsnorm immer *auch* nach dem historisch-subjektiv Gemeinten fragen; sei es, um das, was er derart als vom historischen Gesetzgeber gewollt erkennt, unmittelbar in seine eigene Entscheidung einfließen zu lassen, sei es, um unter Hinweis auf einen gewandelten Erfahrungs- und Verstehenshorizont dem historisch Gemeinten die Verbindlichkeit als Handlungsanweisung abzusprechen und dem unveränderten Wortlaut einen neuen Sinn zuzusprechen. Was der Gesetzgeber von 1909 mit „guten Sitten" oder „Wettbewerb" meinte, interessiert in diesem letzten Fall nur noch „rein historisch", „als Geschichte", d. h. es ist für die aktuelle Praxis nicht mehr verbindlich. Nur über diese Trennung von historischer und praktisch-systematischer Wahrheit auch im Bereich

---

[16] *Heck* (Fn. 12), S. 73 u. ö.
[17] Vgl. dazu unten Teil 2.
[18] Vgl. zur Begründung von Interessenpräferenzen immerhin *Kraft* (Fn. 14), S. 76 ff., 217 ff., dazu aber wiederum die treffende Kritik von *Meyer-Cording*, JZ 1964, 277: *Krafts* Bemühungen um Maßstäbe der Interessenbewertung blieben „mehr oder weniger abstrakt, blutlos und formalistisch". Ebenso *Schricker* (Fn. 2), S. 253 ff. Vgl. auch *Wieacker*, Gesetz und Richterkunst, S. 9: „Die Interessenjurisprudenz ... funktioniert nur im Raum der Gesetzesanwendung ... selbst; für *das* Interesse, das mangels gesetzlicher Bewertung vom Richter auf eigene Hand zu bevorzugen ist, gibt diese Methode keine inhaltlichen Weisungen."

der Rechtswissenschaft[19] kommen wir zu Einsichten wie: das Gesetz kann klüger sein als seine Verfasser. Ein Nur-Hermeneutiker könnte das nie sagen.

Die Abgründe, die zwischen dem historischen und dem aktuellen Verständnis einer Norm liegen können (etwa: „Ehefrau" im Sinne des § 1357 BGB a. F. kann auch der Ehemann sein[20]), wird niemand mehr leugnen wollen. Uns genügt es nicht mehr in jedem Fall, „den ursprünglichen Sinn des Gesetzes festzustellen und als den richtigen anzuwenden"[21]. Die Verständniswandlungen von „guten Sitten" und von „Wettbewerb" bieten dafür anschauliche Beispiele.

Zurück zum hermeneutischen Verstehensmodell: ihm zufolge weist bekanntlich jeder Vorgang des Verstehens von Texten eine Zirkelstruktur auf[22], die sich — stark verkürzt — so beschreiben läßt, daß die Exegese zunächst von den Verständniserwartungen, dem Vorverständnis des Interpreten ausgeht, diese aber durch Befragung des Textes nach dem historisch Gemeinten möglicherweise korrigiert und die veränderten Sinnerwartungen erneut und notfalls wiederholt an den Text heranträgt, um das historische schließlich mit dem eigenen Verständnis zur Deckung zu bringen. Der Jurist vollzieht diesen Prozeß an einem Gesetzestext (einem Präjudiz, einer Gesetzesstelle) regelmäßig im Hinblick auf einen konkreten Sachverhalt, den er anhand der Norm beurteilen will.

Je präziser, unmißverständlicher einzelne Worte oder Textzusammenhänge sind, desto eher werden sie in der Lage sein, die subjektiven Sinnerwartungen, mit denen der Interpret dem Text begegnet, zu korrigieren. Andererseits wird der Text um so mehr durch die Vorverständnisse des Interpreten ausgefüllt, je „offener" er ist und je mehr Deutungsmöglichkeiten er zuläßt.

Für § 1 UWG bedeutet dies folgendes: Die Norm war bereits historisch als Generalklausel konzipiert, insofern man mit ihr ein kasuistisches Gesetz ablösen wollte[23]. Durch die wirtschaftlichen und sozialen Strukturwandlungen der seither vergangenen Jahrzehnte ist aber weitergehend der Sinnbezug der „guten Sitten im Wettbewerb" zu der

---

[19] Vgl. dazu grundsätzlich *Seiffert*, Einführung in die Wissenschaftstheorie II, S. 152 ff., insbes. S. 162 f., 178 f.
[20] Vgl. *Gernhuber*, Lehrbuch des Familienrechts, S. 168.
[21] So *Gadamer*, Wahrheit und Methode, S. 309 über Savigny.
[22] Vgl. *Gadamer*, S. 250 ff., 275 ff.; *Seiffert* (Fn. 19), S. 89 ff.; *Esser*, Vorverständnis und Methodenwahl in der Rechtsfindung, S. 133 ff.; *Larenz* (Fn. 10), S. 181 ff.; *ders.*, Festschrift für Huber, S. 291 ff.; *Kaufmann*, JZ 1975, 337 ff.
[23] Vgl. oben Einl. II.

konkurrenzidealistischen Kolonialwarenidylle abgebrochen worden. Erst dadurch, daß das hinter dieser Norm stehende „Sozialmodell" zerfiel, verlor sie den Rest ihrer Kraft, den Interpretationsvorgang des Rechtspraktikers zu steuern. Von nun an dominierte endgültig der Exeget das Gesetz, was durch die Bezeichnung „Blankettnorm" sehr anschaulich ausgedrückt wird: die Rechtsfolge steht fest, aber ihre Voraussetzungen werden erst durch die Entscheidung des konkreten Falles formuliert.

5. Fazit

Man wird sich der Einsicht kaum verschließen können, daß die herkömmlichen juristischen Methodenlehren keine Anleitung zur Handhabung von Generalklauseln anbieten und folglich auch keine Kontrolle der forensischen Praxis oder Anleitung zur Auswahl zwischen den literarischen Entscheidungsvorschlägen ermöglichen. Für § 1 UWG ist der juristische Determinismus also nicht nur tot[24], hier hat es ihn nie gegeben. Wenn *Essers* Behauptung, „daß unsere akademische Methodenlehre dem Richter weder Hilfe noch Kontrolle bedeutet"[25] irgendwo zutrifft, dann hier.

Das liegt in erster Linie daran, daß bei ihr der Schwerpunkt auf das syllogistische Schlußverfahren gelegt wird, während die Aufbereitung der Prämissen — von Norm und Sachverhalt — unangemessen zurücktritt. Diese Verengung macht sich besonders unangenehm dort bemerkbar, wo der Obersatz nicht einmal den Anschein einer problemlosen Subsumtion zuläßt — eben bei wertausfüllungsbedürftigen Tatbeständen, Generalklauseln und Blankettnormen.

Hinzu kommt, daß die traditionellen Methodenlehren immer noch — dem kontinentaleuropäischen Rechtsdenken verhaftet — sehr stark an der dogmatischen Bewältigung von Kodifikationen ausgerichtet sind und die Entwicklung von Fallrechtsordnungen kaum zu ihrem Gegenstand machen[26]. Man kann also sagen, daß sie dem Rechtspraktiker um so weniger Hilfe anbieten, je mehr er dieser bedarf, d. h. je größer sein Entscheidungsspielraum ist. Es kann daher nicht verwundern, daß sich zu § 1 UWG eine Anzahl spezieller Konkretisierungsansätze herausgebildet hat.

---

[24] Vgl. *Eckhold-Schmidt*, Legitimation durch Begründung, S. 15 m. w. N.
[25] *Esser* (Fn. 22), S. 7.
[26] Das bemängeln auch *Steindorff* (Fn. 4), S. 63 f. und *Ott*, Festschrift für Raiser, S. 403 f., 420. Dieser Umstand ist um so erstaunlicher, als wir praktisch — trotz der erwähnten Kodifikationstradition — schon seit langem einen starken fallrechtlichen Einschlag in unserer Rechtsordnung feststellen können, der einen US-amerikanischen Beobachter von „Germany's Case-Law Revolution" sprechen läßt, vgl. das gleichnamige Kapitel bei *Dawson*, The Oracles of the Law.

II. Spezifische Konkretisierungsbehelfe zu § 1 UWG

§ 1 UWG war ein gesetzgebungstechnisches Novum. Es muß verwundern, daß ein Staat, der noch wenige Jahre zuvor den Beruf seiner Zeit zur Gesetzgebung, genauer: zur umfassenden und detaillierten Kodifikation großer Rechtsmaterien verspürt hatte, sich nunmehr nicht mehr in der Lage sah, ein Randgebiet des Privatrechts selbst auszugestalten.

Hier deutete sich ein tiefgreifender Wandel des Verhältnisses von Gesetzgebung und Rechtsprechung an. Der Frühkonstitutionalismus war noch ganz von dem Bestreben geleitet, dem Richter so wenig Entscheidungsspielraum wie nur irgend möglich zuzugestehen. Darin kam einerseits der freiheitliche Gedanke zum Ausdruck, daß bindende Gesetze der parlamentarischen Legitimation bedürften, andererseits ein kräftiges Mißtrauen gegenüber den früheren Fürstendienern, deren gefürchtete Willkür durch eine strenge Gesetzesbindung eliminiert werden sollte[27].

Sicherlich liegt in diesem Rückzug des Gesetzgebers eine Resignation gegenüber der Vielgestaltigkeit des Wirtschaftslebens. Anders als beim Regelungsbereich des BGB konnte man sich beim UWG nicht auf die Festschreibung einer historisch gewachsenen juristischen Kanalisierung ökonomischer Prozesse beschränken. Die enorme Expansion und Umstrukturierung der Produktions- und Verteilungsprozesse in der zweiten Hälfte des 19. Jahrhunderts bedingte vielmehr neue Interessenkonflikte, für die das gemeine Recht in seinem Thesaurus von Regelungsmustern keine „passenden" Normen bereithielt. Angesichts der Unberechenbarkeit der weiteren Entwicklung bot sich eine Generalklausel als der bequemste Weg an, die Evolution des Unlauterkeitsrechts offen zu halten, ohne andererseits in Untätigkeit verfallen zu müssen[28].

Statt auf gesetzlich fixierte Vorschriften verwies man den Richter nun auf ganz andere Normen: die der Moral.

1. Der Verweis auf ethische Forderungen

Von Anfang an war es die überwiegende Auffassung, daß § 1 UWG primär auf die Normen der Sittlichkeit verweise, auf tatsächlich geübte

---

[27] Vgl. *Zippelius*, Wertungsprobleme im System der Grundrechte, S. 68 f.; *Ehrlich*, AcP 115 (1917), S. 213.
[28] Vorbild war Art. 1382 CC, die berühmte Generalklausel des französischen Deliktsrechts, auf deren Grundlage die französische Rechtsprechung bereits damals ein System von Wettbewerbsnormen errichtet hatte.

II. Spezifische Konkretisierungsbehelfe zu § 1 UWG

Sitten und Gebräuche hingegen nur insofern, als sie vor diesen Normen Bestand hätten, also keine „Unsitten" seien[29].

Selbstverständlich war dies allerdings nie. Immer wieder traten Autoren hervor, die am Wortsinn von „Sitte" festhalten und die guten Sitten i. S. v. § 1 UWG als „stillschweigend entstandene, tatsächlich bestehende und als solche feststellbare Konventionalnormen"[30] verstanden wissen wollten. Sie sahen sich jedoch meist gezwungen, der normativen Seite insofern Zugeständnisse zu machen, als nicht alle Sitten quasi automatisch durch Rezeption[31] in § 1 UWG verrechtlicht werden sollten, sondern letztlich eben doch nur die „guten" — welche immer das sein mochten.

Schon die „boni mores" des römischen Rechts vereinten semantisch jenen Dualismus von Sein und Sollen, der in der Rechtsprechung zu § 1 UWG in dem abwechselnden Verweis auf Sollenssätze und Seinsgegebenheiten wieder aufbrechen sollte (kontrafaktische Durchsetzung von Verhaltensnormen hier, Übernahme tatsächlich geübter Verhaltensweisen in den Lauterkeitskodex dort). „Mos" umfaßte Sitte, Sittlichkeit und Gewohnheitsrecht[32] in einer eigenartigen Gemengelage.

Auf dem Umweg über die „bonnes mœurs" des französischen Code Civil (Art. 6, 1133 CC) gelangten die „boni mores" als „gute Sitten" in den ersten Entwurf des BGB[33], und zwar getreu dem französischen Vorbild in Verbindung mit der „öffentlichen Ordnung". Letztere wurde aus der endgültigen Fassung des BGB bekanntlich ob ihrer vermeintlichen Unbestimmtheit verbannt[34] und wurde auch in die wettbewerbsrechtliche Generalklausel von 1909 nicht wieder aufgenommen.

Wenn beim BGB-Gesetzgeber ein gewisses Unbehagen über die Machtfülle zu registrieren war, die man dem Richter durch die „gute Sitten"-Klausel einräumte[35], so wird dies — bei aller Einsicht in die

---

[29] Vgl. *Baumbach / Hefermehl*, Einl. UWG Anm. 57 ff. („Nicht auf das, was ist, sondern auf das, was sein soll, kommt es an."); *Teubner*, Standards und Direktiven in Generalklauseln, S. 13 ff.; *Schricker* (Fn. 2), S. 190 ff.; *Meyer-Cording* (Fn. 18), S. 273 ff.
[30] *Kirchberger*, Unlauterer, sittenwidriger und unerlaubter Wettbewerb, S. 50; vgl. auch *ders.*, MuW 1933, 277 f.
[31] Zur „Rezeptionsfunktion" des § 1 vgl. *Teubner* (Fn. 29), S. 29 ff., 65 ff.
[32] *Jhering*, Der Zweck im Recht, Bd. 2, S. 21.
[33] Vgl. *Staudinger / Coing*, Anm. 2 zu § 138 BGB.
[34] Vgl. *Wieacker*, Privatrechtsgeschichte der Neuzeit, S. 481; *Schricker* (Fn. 2), S. 188 ff.
[35] Vgl. die Motive bei *Mugdan*, Bd. 1, 469 (zit. *Schricker* [Fn. 2], S. 187): „Die Vorschrift stellt sich als ein bedeutsamer gesetzgeberischer Schritt dar, der vielleicht nicht ohne Bedenken ist. Dem richterlichen Ermessen wird ein Spielraum gewährt, wie ein solcher großen Rechtsgebieten bisher unbekannt

Notwendigkeit — vermutlich auch bei der UWG-Reform von 1909 feststellbar gewesen sein. Zur Milderung des schlechten Gewissens hat aber sicherlich beigetragen, daß im Verweis auf ethische Standards eine verhältnismäßig bestimmte Anweisung an die Rechtsprechung erblickt wurde. Noch lagen — zumindest im Verständnis des Reichstags — Sitte und Moral eng beieinander. Noch hielt man sich (faktisch) überwiegend an die (normativen) Regeln ehrbarer Kaufmannschaft. „Die Funktion der Gute-Sitten-Klausel bestand demzufolge vor allem darin, den illoyalen, aus Solidarität und Tradition ausbrechenden Standesgenossen mit den Mitteln des Rechts in die überlieferten Verhaltensweisen zurückzwingen zu können[36]."

Es mag hier dahinstehen, ob der Moralkodex auch nur der bürgerlichen Schichten des wilhelminischen Deutschland fest genug gefügt war, um dieser „Zufluchtshoffnung der liberalen Epoche" *(Esser)* begründeten Anlaß zu geben. Durch die Pluralisierung der Ethiken in der Folgezeit[37] wurde die Selektionsleistung moralischer Gesichtspunkte bei der Wettbewerbssteuerung jedenfalls immer geringer. Damit scheiterte zugleich das Konzept einer Selbstregulation des Wettbewerbs durch Verrechtlichung der in Handel und Gewerbe positiv beachteten Geschäftsmoral. Dieses Scheitern soll anhand einer Formel verdeutlicht werden, die erstmals von der zweiten Kommission im Zusammenhang mit § 826 BGB verwendet wurde[38] und eine ihrem Gehalt völlig unangemessene Karriere machen sollte: dem „Anstandsgefühl aller billig und gerecht Denkenden".

2. Die Flucht in die Leerformeln

a) Die Anstandsformel:

Das Reichsgericht bemühte das Anstandsgefühl aller billig und gerecht Denkenden erstmalig im Jahre 1901, um einen Verstoß gegen § 826 BGB zu begründen[39]. Im Bereich des UWG gelegentlich auf die „Ansicht aller billig und gerecht denkenden Kaufleute"[40] beschränkt,

---

ist. Fehlgriffe sind nicht ausgeschlossen. Bei der Gewissenhaftigkeit des deutschen Richterstandes darf indessen unbedenklich darauf vertraut werden, daß die Vorschrift nur in dem Sinne angewendet wird, in dem sie gegeben ist."
[36] *Ott*, Festschrift für Raiser, S. 410. Vgl. auch *Raiser*, Die Zukunft des Privatrechts, S. 17 f.
[37] Vgl. *Mitscherlich*, Die Relativierung der Moral, in: Die Unfähigkeit zu trauern, S. 158 ff.
[38] Vgl. *K. Simitis*, Gute Sitten und ordre public, S. 6; *Schricker* (Fn. 2). S. 187.
[39] RGZ 48, 114 (124).
[40] z. B. OLG Jena GRUR 1914, 89 (90).

zeitweise zum „gesunden Volksempfinden"[41] degeneriert, lebt der Bezugskreis heute meist unter der Bezeichnung „verständige und anständige Durchschnittsgewerbetreibende"[42] fort, ohne daß die ursprüngliche Formel völlig verschwunden wäre[43].

Seine Resistenz gegenüber den Zeitläufen verdankt „dieser dunkle Orakelspruch"[44] vornehmlich drei Umständen: zum einen ist er genau so wenig erkenntnisleitend wie die Formel, die er erläutern soll, die „guten Sitten". Insofern hat er Teil an der generell feststellbaren Vitalität von Generalklauseln. Des weiteren spiegelt er in fast genialer Weise die Scheinversöhnung antinomischer Werte vor: „Das ‚Gefühl' der ‚Denkenden' befriedigt Rationalisten wie Irrationalisten und ist geeignet, die Einheit von Gefühl und Verstand in der Vernunft zu beschwören. ‚Billig und gerecht' vereinigt die Antinomie von ‚ius strictum' und ‚ius aequum' in einer höheren Gerechtigkeit, die dennoch im ‚Anstandsgefühl' dem Menschen als solchem und nicht etwa nur dem Fachjuristen zugänglich sein soll. Und das Wort ‚alle' schafft kollektive Wertungseinheit, von der Andersdenkende ausgeschlossen sind mit dem Stigma, ‚unbillig' und ‚ungerecht' zu denken[45]."

b) Der empirische Anspruch:

Schließlich läßt dieser Formelkompromiß auch den Zwiespalt von Empirie und Normativität innerhalb der „guten Sitten" unbewältigt, der oben angesprochen wurde. Insoweit er auf die Anstandsgefühle eines bestimmten Personenkreises verweist, erhebt er einerseits den Anspruch auf empirische Nachprüfbarkeit. Hätte man damit Ernst gemacht, so wären nicht nur die Rechtsanwender mit der bloßen Transmission gesellschaftlicher Vorstellungen in § 1 UWG auf dem Pfade der Erkenntnis verblieben (wenn auch nicht der Rechtserkenntnis, sondern der empirischen Sozialforschung), anstatt sich auf die Wege und Abwege autonomer Rechtsetzung zu begeben, sondern es wäre zugleich jenes klassisch liberale Konzept der Wettbewerbsregulierung verwirklicht worden, das nicht nur die gerichtliche Geltendmachung (§ 13 UWG a. F.), sondern auch die inhaltliche Bestimmung der Wettbewerbsschranken der Wirtschaftsgesellschaft überließ.

Das Ideal der Selbststeuerung von Handel und Wandel innerhalb einer herrschaftsfreien Marktsphäre zerbrach in dem Maße, in dem die

---

[41] Seit RG GrS vom 13. III. 1936, RGZ 150, 1 (5).
[42] z. B. BGHZ 43, 278 (284). Ähnlich schon *Baumbach*, Kommentar, S. 175.
[43] Vgl. etwa *Nastelski*, GRUR 1969, 323.
[44] *Nerreter*, Allgemeine Grundlagen eines deutschen Wettbewerbsrechts, S. 30.
[45] *Teubner* (Fn. 29), S. 22 f.

guten Sitten von der Rechtsprechung selbst autoritativ festgelegt werden mußten. Nach Anerkennung der ethischen Fundierung der Generalklausel verlief der Bruch zwischen Faktizität und Normativität folglich auch nicht mehr zwischen Sitte und Moral, sondern zwischen Geschäftsmoral und Richtermoral. Die erstere hätte zu ihrer Übernahme in § 1 UWG empirischer Erhebungen bedurft, während die letztere sich unschwer im Beratungszimmer postulieren ließ.

Nicht zu übersehen ist indes, daß das Selbstverständnis richterlicher Tätigkeit vielfach noch in jüngster Zeit auf der Annahme beruht, die Rezeption faktisch befolgter Geschäftsmoral sei nicht nur möglich und wünschenswert, sondern werde — wenn auch unter Schwierigkeiten — tatsächlich praktiziert. Dazu die Äußerungen zweier früherer Bundesrichter:

Pehle erwähnt die Schwierigkeit, daß neuartige Werbemethoden durch Musterprozesse in einem Zeitpunkt vor die Gerichte gebracht würden, „in dem sich in den beteiligten Verkehrskreisen eine feste Anschauung darüber, ob sie sittlich zu mißbilligen sind noch nicht hat bilden können". In diesen Fällen werde dann „in Wahrheit nur Rechtsfindung auf der Grundlage mehr oder weniger hypothetischer Feststellung der Anschauungen der beteiligten Kreise und der Allgemeinheit" erfolgen[46].

Auch *Nastelski* sieht in der Ausfüllung des § 1 UWG keine wertende Eigenleistung des Richters: „Der Richter nimmt zwar Wertungen vor, er gibt ein Werturteil ab. Aber er darf dieses Werturteil — wenigstens grundsätzlich — nicht an seinem persönlichen Empfinden ausrichten, sondern er muß vorgegebene Wertungen der Allgemeinheit oder bestimmter Kreise ... aufsuchen und feststellen, also ‚objektive' Wertungen vornehmen. Eine solche Wertung ist, wie wohl überwiegend angenommen wird, Sache der Erkenntnis, sie ist ein kognitiver, kein volitiver Akt[47]."

c) Die normative Praxis:

Tatsächlich wurde der empirische Anspruch der Anstandsformel fast nie[48] eingelöst. Nicht, was die billig und gerecht Denkenden fühlten, sondern was sie zu fühlen hatten, stellte die Rechtsprechung fest; freilich nicht, ohne ihre Vorschriften in indikativische Formeln zu kleiden. Verwundern darf dies kaum. Selbst wenn die herrschende Sozialmoral empirisch erfaßt würde — *die* Ansicht *aller* billig und gerecht Den-

---

[46] *Pehle*, Richterliche Rechtsfortbildung, S. 11.
[47] *Nastelski*, GRUR 1968, 547.
[48] Ausnahme etwa: LG Bielefeld, GRUR 1958, 301.

II. Spezifische Konkretisierungsbehelfe zu § 1 UWG

kenden (wer immer das sei) ist ohnehin ein Phantom, dem sich nicht nachzujagen lohnt —, wäre ihre Tauglichkeit zur Bewertung komplexer wettbewerblicher Vorgänge mehr als fraglich[49]. Eine juristische Filterung dieser Auffassungen wäre kaum zu entbehren[50]. Damit hätten wieder die Richter das letzte Wort über die guten Sitten und die Anstandsformel kaschierte nunmehr diese justizielle Normsetzung. Nichts drückt diesen Sachverhalt besser aus als die parodistische Formel vom „Anstandsgefühl aller billig und gerecht denkenden Reichsgerichtsräte".

Daß die Justizpraxis ihre eigenen Wertvorstellungen unter dem Deckmantel der Auffassungen der Gewerbetreibenden in § 1 UWG einbrachte, wurde zwar früh erkannt[51], aber so lange hingenommen, wie auch nur der Schein einer homogenen Moral des liberalen Bürgertums aufrecht erhalten werden konnte. Diese fiel jedoch den Umwälzungen von Krieg und Inflation zum Opfer. Das war indes nur die logische Folge der Tatsache, „daß ein herrschendes Ethos aus einem Guß, d. h. ein solches, das andere Formen relativiert, unterordnet oder ausschließt, ohne eine herrschende Schicht nicht zustande kommt, die ihr Ethos proklamiert und durchgesetzt hat"[52].

d) Die Kritik an der Rechtsprechung:

In den zwanziger Jahren setzte eine Kritik ein, die sowohl die Wirklichkeitsfremdheit der Entscheidungsinhalte[53] als auch den Formalismus der Urteilsbegründungen[54] betraf. Der Ruf nach „Entsittlichung"[55] ging so weit, die alte Forderung nach Ansiedelung des Unlauterkeitsrechts in § 823 I BGB wieder aufzugreifen[56].

Nicht zufällig kamen die meisten kritischen Stimmen aus der Anwaltschaft (*Callmann, Goldbaum, Wassermann*). Sie war mit die Hauptbetroffene einer Gefühlsrechtsprechung, die ihre Urteile mit Leerformeln „begründete" und mit moralischen Ansprüchen drapierte. Vor

---

[49] „Was versteht der Durchschnittsmensch von den komplizierten Wettbewerbsverletzungen?" So *Meyer-Cording*, JZ 1964, 275. Ähnlich *Breithaupt*, JZ 1964, 284 und *K. Simitis* (Fn. 38), S. 69 f.

[50] Ebenso *Teubner* (Fn. 29), S. 61, 90: Aufgabe der Jurisprudenz sei es, „das empirische Material zu interpretieren und kritisch zu verwerten".

[51] Schon vor dem 1. Weltkrieg, vgl. den Verweis auf *Joerges'*, Zeitschrift für Rechtsphilosophie Bd. 1, S. 208 bei *Breithaupt*, JZ 1964, 283.

[52] *Gehlen*, Moral und Hypermoral, S. 38.

[53] s. *Baumbach*, Kommentar, S. 174.

[54] „Wie sehen jetzt die Urteile aus? ... Eine Handlung wird festgestellt und dann wird gesagt, sie verstoße wider die guten Sitten, — weil sie dem Gefühl aller billig und gerecht Denkenden widerstrebe. Fertig." (*Goldbaum*, GRUR 1927, 781).

[55] *Callmann*, Kommentar, S. VII. Vgl. auch *Wassermann*, GRUR 1929, 417.

[56] Vgl. *Fischer*, GRUR 1929, 1077; *Lobe*, GRUR 1931, 1217; *Baumbach*, Kommentar, S. 173 f.

allem wurde die aus dieser Praxis resultierende Rechtsunsicherheit beklagt[57]. Ferner nahm man insbesondere dem Reichsgericht übel, daß die Aufhebungen von Urteilen der Tatsacheninstanzen den Vorderrichtern implizit bescheinigte, selbst nicht zu den billig und gerecht Denkenden zu gehören, was einer „Usurpation allen Anstandsgefühls durch das halbe Dutzend reichsgerichtlicher Zivilsenate"[58] gleichkam.

Einen Ausweg aus dieser unbefriedigenden Lage wies auf dogmatischer Ebene die Unterscheidung von unlauterem und (lediglich) unerlaubtem Wettbewerb, die den ebenso stereotypen wie oft unverhältnismäßigen Vorwurf der Unanständigkeit[59] vermeiden helfen sollte[60]; dies jedenfalls in den Fällen, die schlechterdings nicht als Verstöße gegen Gebote der Moral, sondern „nur" als Verstöße gegen den ordre public gewertet werden konnten.

Was die grundsätzlichere Frage nach dem Konkretisierungsverfahren der Generalklausel anbelangte, so war die Heranziehung moralischer Kategorien durch die von ihr entfachte „Sittlichkeitshysterie"[61] vorläufig zumindest bei den Rechtspraktikern ebenso diskreditiert, wie das unkontrollierbare Jonglieren mit Leerformeln vom Schlage des „Anstandsgefühls aller billig und gerecht Denkenden". Soweit man den § 1 UWG nicht gleich abschaffen wollte, verlangte man nun wenigstens eine Anwendungspraxis, die im Zwiespalt von Einzelfallgerechtigkeit und Rechtssicherheit der letzteren einen Rang einräumen sollte, der das Unlauterkeitsrecht im Regelfall wieder berechenbar machen würde.

3. Die Delegationsfunktion des § 1 UWG

a) Regelbildung statt Gefühlsjurisprudenz:

Das neue Programm wurde am prägnantesten formuliert von *Hermann Isay*:

„Die Rechtsprechung, die den § 1 UWG benutzt, muß bestrebt sein, für den Einzelfall, den sie entscheidet, eine Norm zu finden, die ... der § 1 selbst nicht ist[62]."

---

[57] Vgl. *H. Isay*, GRUR 1928, 73; *Baumbach*, DJZ 1931, 61: „So weiß denn niemand mehr, was er darf. Ob eine Wettbewerbshandlung lauter oder unlauter ist, ist keine Frage der Sittlichkeit, sondern ein Würfelspiel."
[58] *v. Godin*, MuW 1930, 42.
[59] „Es ist für den redlichen Geschäftsmann unerträglich, vor der Öffentlichkeit als unsittlich gebrandmarkt zu werden, wie es täglich geschieht." (*Baumbach*, Kommentar, S. 173).
[60] Vgl. auch *Wassermann*, GRUR 1929, 417; *Smoschewer*, GRUR 1929, 1272.
[61] *Baumbach*, DJZ 1931, 61.
[62] GRUR 1928, 73.

Für Isay, den *Wieacker* als einen „gemäßigten Nachzügler der Freirechtsschule" bezeichnet[63], steht im Vordergrund der richterlichen Entscheidung nicht eine — wie auch immer „anzuwendende" — Norm, sondern ein auf „Wertfühlen" gegründetes „Wollen"[64]. Insoweit dieses Wollen auf eine gerechte Entscheidung abzielt, ist es für ihn notwendig irrational, da Gerechtigkeit im Rechtsgefühl wurzele[65]. Gleichwohl ist die Bedeutung der Norm für die Entscheidung „so groß, daß sie gar nicht genügend betont werden kann"[66]. Sie dient zur Kontrolle, zur Begründung und der Berechenbarkeit der Entscheidung[67]. Isay beklagt, daß § 1 UWG keine dieser Funktionen erfülle[68]; er ist also weit davon entfernt, in Generalklauseln „königliche Paragraphen" zu sehen, die als Einfallstore der Rechtsvernunft durch großzügige „freie Rechtsfindung" dienen sollten. Im Gegenteil: bei der Bildung neuer Normen habe der Richter „mit der größten Behutsamkeit zur Schonung wichtiger Interessen" vorzugehen, und er könne sich „die Bildung neuer Normen nur zutrauen, soweit er die in Frage kommenden wirtschaftlichen Verhältnisse" übersehe[69].

b) Generalklauseln als Delegation von Gesetzgebung:

Der Gedanke, daß Generalklauseln den Richter zu fallweiser Rechtschöpfung ermächtigen, stammte allerdings nicht von Isay. Bereits *Philipp Heck*, dessen äußerstes Bemühen um Gesetzestreue sein ganzes Werk wie ein roter Faden durchzieht, gestand unbefangen die „freie Stellung des Richters" bei Blankettnormen zu und sprach ausdrücklich von „Delegationen ..., welche ein weitgehendes Vertrauen in die Wertung des Richters bekunden"[70]. Was als punktuelles Zugeständnis an die von Heck so vehement bekämpfte Freirechtsschule erscheint, ist in Wahrheit nur eine konsequente Abkehr vom positivistischen Dogma der Geschlossenheit der Rechtsordnung. Da die Interessenjurisprudenz auf der Erkenntnis der Lücken im Rechtssystem beruhte[71], war sie nicht um der Prinzipienreinheit willen gezwungen, jede Eigenwertung des Richters als unbeteiligtes, quasi mechanisches Hervorholen von im Gesetz längst vorhandenen, nur der Erweckung durch die Jurisprudenz harrenden Konfliktentscheidungen darzustellen.

---

[63] *Wieacker* (Fn. 34), S. 581 Fn. 58.
[64] *Isay*, Rechtsnorm und Entscheidung, S. 56.
[65] Ebda., S. 116 f., 25.
[66] GRUR 1928, 72 f.
[67] GRUR 1928, 73; a.a.O. (Fn. 60), S. 94 f., 154 ff.
[68] GRUR 1928, 73.
[69] GRUR 1928, 81.
[70] *Heck* (Fn. 12).
[71] Ebda., S. 54.

1. Teil: Rechtsgewinnung im Unlauterkeitsrecht

Auch *Hedemann*, der in den Generalklauseln „eine Gefahr für Recht und Staat"[72] sieht, betont deren Delegationsfunktion. Von ihm stammt das berühmte Wort, Generalklauseln seien „ein Stück offengelassener Gesetzgebung"[73].

Ebenfalls kritisch, wenn auch mit völlig anderen Akzenten, bewertet *Franz Neumann* die Tatsache, daß bei der Ausfüllung der Generalklauseln „politische Entscheidungen die Form von Entscheidungen der ordentlichen Zivilgerichte annehmen"[74]. Für ihn bedeuten Generalklauseln ein Zurückweichen des Gesetzgebers vor mächtigen gesellschaftlichen Formationen; im Übergang von der Konkurrenz- zur Monopolwirtschaft würden sie von den Monopolen in den Dienst ihrer Machtansprüche gestellt[75].

Wie immer man dazu stehen mag: Fest steht, daß die höchstrichterliche Rechtsprechung insbesondere nach dem 2. Weltkrieg die „Ermächtigungsnorm"[76] des § 1 UWG mit bemerkenswertem Selbstbewußtsein in einem Sinne gebraucht hat, der dem Verlangen nach Regelbildung im großen und ganzen Rechnung getragen hat. Trotzdem erstaunt die Selbstverständlichkeit, mit der die juristische Öffentlichkeit — bei aller Kritik im einzelnen — das Phänomen einer materiellen Gesetzgebung durch Gerichte akzeptiert hat. Der Verdacht drängt sich auf, daß die ungeheure Problematik einer über die Voraussetzungen[77] und die Inhalte ihrer Entscheidungen selbst befindenden Rechtsprechung durch die Leugnung eben dieser Autonomie noch weitgehend verstellt wird. Beschwörungen des Gewaltenteilungsprinzips verhindern Problemlösungen, soweit sie das Problem des Richterrechts überhaupt leugnen; sie führen aber auch dann nicht weiter, soweit sie es nur institutionell betrachten, nicht aber als „ein Problem der Zuordnung zweier Staats*funktionen*"[78].

Aber selbst eine Auffassung, die Richterrecht unter Betonung der Anpassungs- und Ergänzungsaufgaben definieren will „als die von den Gerichten in *Fortbildung* des geltenden Gesetzesrechts entwickelten und

---

[72] Dies der Untertitel seiner Schrift „Die Flucht in die Generalklauseln".
[73] *Hedemann*, S. 58.
[74] Der Funktionswandel des Gesetzes im Recht der bürgerlichen Gesellschaft, S. 62.
[75] Vgl. S. 66. Als Beleg für diese These führt *Neumann* für § 1 UWG von dessen zahllosen Fallgruppen nur die Durchsetzung von Preisbindungen gegenüber unterbietenden Außenseitern an (vgl. S. 65), wobei er vermutlich die Leitentscheidung RGZ 88, 9 im Auge hat.
[76] So auch *Baumbach / Hefermehl*, Einl. UWG 61.
[77] Vgl. dazu *Kübler*, Über die praktischen Aufgaben zeitgemäßer Privatrechtstheorie, S. 13, 19 f.
[78] J. *Ipsen*, Richterrecht und Verfassung, S. 47 (Hervorhebung von mir).

II. Spezifische Konkretisierungsbehelfe zu § 1 UWG

als *Entscheidungsgrundlage* verwendeten Rechtssätze"[79] verharmlost die Aufgaben, vor die sich die Gerichte durch die Delegation von Gesetzesaufgaben (und das heißt eben: die Freistellung von formeller Bindung an das einfache Gesetz) gestellt sehen. Denn tatsächlich ist unsere Rechtsprechung schon zu sehr normbildend tätig geworden, als daß die herkömmlichen, am Subsumtionsmodell orientierten Rechtsquellen- und Auslegungslehren sie bei dieser Aufgabe noch anleiten oder kontrollieren könnten. Dazu hat *Wiethölter* mit erfreulicher Klarheit festgestellt: „Gerade die Fülle von Generalklauseln, mit denen der Gesetzgeber heute gern arbeitet — in die er zuweilen gern flieht, um politische Kompromißlösungen bei nichtausgetragenen Konflikten zu ermöglichen —, offenbaren den Charakter der Rechtsprechung, die in Entscheidungen über weite Generalklauseln *nicht Normen anwendet, sondern Normen setzt*[80]."

c) Delegierte Normsetzung im Unlauterkeitsrecht und klassisches Richterrecht

Im Hinblick auf § 1 UWG ist aber nicht nur die Vorstellung abzulehnen, die Aufgabe des Richters erschöpfe sich in der Anpassung und gelegentlichen Detailkorrektur eines vorgegebenen Gesetzesrechts; auch die aus dem angelsächsischen Rechtskreis überkommene Auffassung, die Regeln des Richterrechts bildeten sich durch Bewährung und/oder Revision einer Anzahl von ausschließlich an der konkreten Fallgerechtigkeit ausgerichteten Einzelentscheidungen, die Grundsatzentscheidung stehe mithin erst am Ende einer ganzen Reihe von Problemlösungsversuchen[81], ist auf die Rechtsgewinnung im Unlauterkeitsrecht weder als Beschreibung noch als Anleitung vollständig übertragbar. Dem UWG-Recht fehlt der in Jahrhunderten gewachsene Fundus an Regeln und Prinzipien, der etwa im common law einerseits das behutsame „reasoning from case to case" erlaubt und zugleich (in Verbindung mit der formellen Präjudizienbindung der „stare decisis"-Doktrin) grundlegende Neuerungen unter Eliminierung alten Rechts stark erschwert.

Ebenso mangelt es ihm — selbst oder gerade in den Teilgebieten, in denen die Judikatur unübersehbar geworden ist — im Vergleich zum common law an inhaltlicher Geschlossenheit.

Aus diesen Gründen ist die Rechtssicherheit im Unlauterkeitsrecht auch heute noch nicht allzu groß, und es besteht oft eine beträchtliche Unsicherheit darüber, wie die Gerichte einen an sie herangetragenen

---

[79] *Coing*, JuS 1975, 277 (Hervorhebungen im Original).
[80] Rechtswissenschaft, S. 260 (Hervorhebung im Original).
[81] Vgl. *Esser*, JZ 1962, 514 f.; *ders.*, Grundsatz und Norm, S. 183 ff., 277 ff.

Fall entscheiden werden[82]. Entsprechend hoch wäre selbst unter invarianten Wettbewerbsverhältnissen der Bedarf an wegweisenden richterlichen Entscheidungen. Dieser Bedarf wird aber noch erhöht durch die Dynamik wirtschaftlichen Wettbewerbs, insbesondere die pausenlose Erfindung neuer Werbemethoden.

Dieser hohe Strukturbedarf verlangt nach einer Rechtsprechung, die sowohl über schamhafte Lückenfüllung als auch über das stille Wachsen des klassischen case law hinausgeht. Die werbende Wirtschaft, die Verbraucher, die jeweiligen Interessenverbände und Rechtsbeistände wollen und müssen auch hinsichtlich neuer und ungewohnter Vorgänge im Wirtschaftsleben wissen, woran sie sind. Neben das Interesse am Inhalt und der Qualität der Entscheidung tritt hier das Bedürfnis, daß überhaupt entschieden wird.

Auch die Fallgerechtigkeit, die nach angelsächsischer Überzeugung die Gewähr der Richtigkeit jeder justiziellen Regelbildung bietet[83] und nach der Auffassung des Bundesverfassungsgerichts ebenso wie der Grundsatz der Rechtssicherheit ein „wesentlicher Bestandteil des Rechtsstaatsprinzips, einer der Leitideen des Grundgesetzes" ist[84] erscheint im Unlauterkeitsrecht nicht in derselben Gestalt wie in den Kernbereichen des Zivilrechts. Zwar geht es auch hier um den Schutz individueller Rechte und Interessen sowie ihren angemessenen Ausgleich; überlagert wird dieser individuelle Rechtsschutz jedoch durch die Aufgabe, die Funktionen des Wettbewerbs und (wenn auch infolge der primären Zuständigkeit des GWB in geringerem Maße) sogar seinen Bestand zu garantieren. Die Rechtsprechung hat ihre Entscheidungen folglich nicht nur unter dem Aspekt individueller Gerechtigkeit zu verantworten, sondern auch unter wettbewerbspolitischen Gesichtspunkten. Daran wird auch deutlich, daß das UWG-Recht als Teil des gewerblichen Rechtsschutzes nur noch unvollständig begriffen werden kann, sondern zugleich Teil eines umfassenden „Wirtschaftsrechts" ist, d. h. eines Rechts „zur Stützung und Sicherung der jeweils (nicht bloß modellhaft konzipierten, aber doch als Sinnzusammenhang, wennschon unter Kompromissen) praktizierten Wirtschaftsordnung"[85].

Diese Umstände verbieten es der Rechtsprechung, ihre quasi-legislatorischen Aufgaben in der Art und Weise zu erfüllen, die die her-

---

[82] Vgl. *P. Sambuc*, AfP 1971, 31: „Wer täglich mit Fragen der Zulässigkeit von Werbemaßnahmen befaßt ist, weiß wie schwer es ist, ein halbwegs sicheres Votum abzugeben."
[83] Vgl. *Esser*, JZ 1962, 514.
[84] BVerfGE 7, 194 (196). Vgl. ferner BVerfGE 7, 89 (92).
[85] *L. Raiser*, Die Zukunft des Privatrechts, S. 13.

kömmlichen Stile kontinentalen und auch angelsächsischen Richterrechts vorsehen.

Ob die Berücksichtigung gesellschaftlicher Fernwirkungen wettbewerblichen Verhaltens bei der Beurteilung dieses Verhaltens eine erfolgversprechende und praktikable Strategie richterlichen Entscheidens ist, die den genannten Anforderungen (Rechtssicherheit, Fallgerechtigkeit, ordnungspolitischer Erfolg) entsprechen kann, wird ausführlich zu untersuchen sein.

Zuvor soll jedoch im nächsten Abschnitt versucht werden, das für die weiteren Erörterungen zentrale Verständnis von § 1 UWG als Delegationsnorm zu verdeutlichen und zugleich in einen größeren Zusammenhang zu stellen: die allenthalben beobachtbare Annäherung obergerichtlicher Entscheidungsstile an legislative Vorbilder.

Zweiter Teil

Normbildung durch Gerichte

I. Die Trennung von Judikative und Legislative in der Theorie

Wer nach dem „Richter als Gesetzgeber"[1] ruft, setzt sich leicht dem Verdacht aus, nicht nur den Grundsatz der Gewaltenteilung zu mißachten, der zu den elementarsten Bestandteilen der freiheitlich-demokratischen Grundordnung gerechnet wird[2], sondern auch die prinzipiellen Unterschiede zwischen beiden Gewalten hinsichtlich ihrer Funktionen, Legitimationen und Arbeitsweisen zu verkennen. Das traditionelle Gegensatzpaar Rechtsetzung/Rechtsanwendung impliziert bekanntlich eine ganze Reihe antinomischer Merkmale, die eine Annäherung oder gar Verschränkung beider Staatsfunktionen zu verbieten scheinen: frei/gebunden, entscheidend/erkennend, zukunfts-/vergangenheitsorientiert, programmierend/programmiert, politisch/unpolitisch, output-/inputorientiert, abstrakt/konkret, produktiv/reproduktiv usw.

Weiter kann eingewandt werden, die Rechtsprechung sei zur Normsetzung weder demokratisch legitimiert noch besitze sie das Steuerungsinstrumentarium, die von ihr qua Normbildung verfolgten Ziele zweckmäßig durchzusetzen — beides im Gegensatz zum parlamentarischen Gesetzgeber. Ferner gehört zum Begriff der Norm die Allgemeinverbindlichkeit der Regelung. Diese kann innerhalb der Justiz aber regelmäßig nicht formell beansprucht oder gar durchgesetzt werden, da wir eine formelle Präjudizienbindung nicht kennen. Richterlichen Normen, auch denen höchster Zivilgerichte, mangelt daher eine über die Entscheidung des Einzelfalles hinausgehende formelle Verbindlichkeit.

Die politische Forderung[3] einer minuziösen Gesetzesbindung des Richters hatte der „rechtswissenschaftliche Positivismus"[4] des 19. Jahrhunderts theoretisch einzulösen versucht. Ihm zufolge war die

---

[1] So der Titel der Schrift von *Meier-Hayoz* zur gerichtlichen Handhabung des Art. 1 II ZGB, der klassischen „Delegationsnorm".

[2] Vgl. BVerfGE 5, 85 (140) sowie Art. 20 III, 97 I GG.

[3] Vgl. *Zippelius*, Wertungsprobleme im System der Grundrechte, S. 68 f.

[4] Zur Terminologie vgl. *Wieacker*, Privatrechtsgeschichte der Neuzeit, S. 431 f.

Macht des Richters tatsächlich, wie *Montesquieu* es gefordert hatte, „en quelque facon nulle". Seine Arbeitsweise war der Justizsyllogismus, mit dessen Hilfe ein „gegebener" Sachverhalt unter die kunstgerecht ausgelegte Norm subsumiert wurde. Keinesfalls trug die juristische Entscheidung den Stempel des Richters, denn er diente höheren Mächten: erst dem Volksgeist, später dem Gesetzgeber.

Zwar erkannte auch der rechtswissenschaftliche Positivismus der Wissenschaft und der Praxis eine rechtsschöpferische Funktion zu, jedoch nur bei der Praktizierung jener „höheren" oder „productiven Jurisprudenz"[5], die als vermeintlich wertfreie Begriffs- und Konstruktionsarbeit dem Postulat der Lückenlosigkeit des Rechtssystems als notwendiger Klammer von Rechtsschöpfungs- und Rechtsverweigerungsverbot zu dienen bestimmt war. Für eine richterliche Verfolgung irgendwelcher selbstgesetzter Ziele war in diesem Rechtsfindungsmodell aus einem doppelten Grunde kein Platz: zum einen gab es keine Entscheidungsspielräume, die einer derartigen Ausfüllung bedurft hätten, sofern man sich nur die „productive" Kraft der (später sogenannten[6]) Begriffsjurisprudenz dienstbar zu machen verstand, zum anderen verlangte etwa *Windscheid* noch 1884 vom Richter das, was man in Abwandlung eines bekannten Wortes von *Heck* als „blinden Gehorsam" gegenüber dem Gesetzgeber bezeichnen könnte: „Die Gesetzgebung ... beruht in zahlreichen Fällen auf ethischen, politischen, volkswirtschaftlichen Erwägungen oder auf einer Kombination dieser Erwägungen, welche nicht Sache des Juristen als solchen sind[7]."

II. Die Konvergenz von Rechtsetzung und Rechtsanwendung

1. Die Auflösung der Dichotomien

Anhand einiger der soeben genannten vermeintlichen Gegensätze von (parlamentarischer) Gesetzgebung und (gerichtlicher) Gesetzesanwendung soll gezeigt werden, daß die Zuweisung einer Regelbildungsaufgabe an die Gerichte durch das Verständnis des § 1 UWG als „Delegationsnorm" kein punktueller Systembruch ist, sondern sich in einen Funktionswandel beider Gewalten, besonders aber der Rechtsprechung, einordnet. Zu diesem Zweck soll die Zuordnung einiger Charakteristika zur Rechtsprechung ebenso überdacht werden wie die diesbezügliche Leugnung der jeweiligen Komplementärfunktion: ent-

---

[5] *Ihering*, Geist des römischen Rechts II/2, S. 381. Vgl. auch die Selbstpersiflage nach seiner „Bekehrung" in: Vertrauliche Briefe, S. 7.
[6] Vgl. *Heck*, DJZ 1909, 1457.
[7] Die Aufgaben der Rechtswissenschaft, S. 15. Vgl. dazu *Wiethölter*, Rechtswissenschaft, S. 38 f.

scheidend/erkennend (2.), programmierend/programmiert (3.), output-/inputorientiert (4.), abstrakt/konkret (5.) und politisch/unpolitisch (6.).

2. *Erkennen und Entscheiden*

Die Entscheidungsmöglichkeiten, ja Entscheidungs*zwänge*, die die moderne Methodenkritik der Justiz zwar nicht eröffnet oder auferlegt, aber immerhin aufgezeigt hat, sind durch die „Entdeckung" der Auslegungsbandbreiten von Rechtsregeln bedingt, d. h. durch den Hinweis auf Entscheidungsalternativen. Deren Existenz geht Entscheidungen (im engeren, entscheidungstheoretischen Sinne) stets voraus: „Entscheidungen [sind] der Prozeß der Wahl einer Handlung aus einer Reihe von Handlungsalternativen im Hinblick auf einen bestimmten Zielwert[8]." Eben diese Entscheidungsalternativen versuchte der Positivismus, wie dargelegt, zu eliminieren, um die Rechtsprechung auf den Pfad der Erkenntnis jener einen, richtigen Antwort des Rechtssystems auf die gestellte Frage verweisen zu können. Der Aufgaben- und Verantwortungszuwachs, den das Abklingen dieser System- und Begriffshybris für die Justiz mit sich gebracht hat, ist offenbar und im vorhergehenden Abschnitt anhand § 1 UWG exemplifiziert worden.

Die Frage ist nun, wie die Rechtsprechung mit dieser Kontingenz, der Pluralität des sinnvoll Möglichen, die durch die Normvorschläge von Dogmatik und Präjudizien auf der Grundlage der gesetzlichen Auslegungsspielräume aufbereitet wird, fertig wird.

Die Vorstellung, nur *eine* Lösung sei die jeweils richtige und diese sei a) von Fall zu Fall immer schon vorgegeben, könne b) mit den juristischen Arbeitsweisen erkannt und c) zwingend begründet werden, leugnet eben das Problem, das bewältigt werden muß: das der adäquaten Selektion[9].

Aber nicht erst die *Auswahl* unter den denkbaren Interpretationen einer Norm, den sog. Normalternativen, trägt volitive Züge; bereits jedes *einzelne* Normverständnis ist ein mehr oder weniger produktiver Akt, indem es aus der abstrakten Norm unter Einsatz des Vorverständnisses des Interpreten eine Aussage für den konkreten Fall gewinnt. Die Delegation von Normbildungsaufgaben durch Generalklauseln verdeutlicht diese Schwierigkeiten nur in besonders eindringlicher Weise.

---

[8] *Naschold*, Systemsteuerung, S. 31.
[9] Für das Verständnis von Rechtsprechung als reiner Rechtsbewahrung repräsentativ etwa *P. Schneider*, AöR 82 (1957), S. 13: „Sie bringt nicht hervor, sondern hütet die Kontur des Hervorgebrachten; sie schafft nicht, sondern sie sichert den Bestand des Geschaffenen; sie greift nicht in die Zukunft vor, sondern blickt zurück und sichtet und richtet Geschehenes am Bestehenden."

Hier gilt es, für die zur Normbildung primär berufenen Obergerichte quasi-legislatorische Entscheidungsstrategien aufzuzeigen bzw. zu entwickeln, die die „Norminterpretation als Wahlakt"[10] begründen und legitimieren können. Unabdingbare Voraussetzung dafür ist, daß das Problem der Selektion als solches erkannt und nicht durch seine Leugnung „gelöst" wird. Erst wenn die verworfenen Entscheidungsalternativen als überhaupt denkbar und daher als einer argumentativen Ablehnung bedürftig akzeptiert werden, eröffnen sich Möglichkeiten, den Entscheidungsbedarf optimal zu befriedigen. Die Praxis der meisten Obergerichte ist glücklicherweise weit davon entfernt, ihre Entscheidungen durchweg als unbeteiligte, distanzierte „Erkenntnisse" auszugeben. Gleichwohl sind die Akzeptierung und Bejahung der eigenen Normsetzungsfunktion nur die allerersten Schritte zu ihrer angemessenen Wahrnehmung.

*3. Die Schranken gesetzlicher Konditionierung
juristischen Entscheidens*

In den letzten Jahren haben totgeglaubte juristische Modelle kausaler Subsumtion energische Wiederbelebungsversuche erfahren — von soziologischer, genauer: systemtheoretischer Seite.

Vor allem *Niklas Luhmann* legt in zahlreichen Veröffentlichungen besonderes Gewicht auf die Forderung, richterliches Entscheiden müsse als „konditional programmiert" angesehen werden, d. h. es sei auf den reinen Vollzug gesetzlicher, in „wenn — dann"-Form gefaßter Entscheidungsprogramme angelegt[11]. Die Aufgabe des Richters beschränke sich darauf, bei Vorliegen der einzelnen Programmelemente die angeordnete Rechtsfolge auszusprechen[12]. Konditionale Programmierung stelle die Verbindung von Systemtheorie und Entscheidungstheorie her[13], d. h. sie ermögliche den Anschluß einer Theorie juristischen Entscheidens an eine Theorie des politischen (und weiter: des gesellschaftlichen) Systems. Die Vorzüge solcher gesetzlicher Vorprogrammierung der Rechtsprechung sieht Luhmann vor allem in zwei Umständen:

---

[10] Vgl. dazu ausführlich *Kilian*, Juristische Entscheidung und elektronische Datenverarbeitung, S. 109 ff. (114).
[11] Vgl. etwa *Luhmann*, Recht und Automation in der öffentlichen Verwaltung, S. 35 ff. (noch mit deutlichem Schwerpunkt auf dem Verwaltungshandeln); *ders.*, AöR 1969, 3 ff.; *ders.*, JbRSozRTh I (1970), 190 ff.; *ders.*, Rechtssoziologie Bd. II, S. 227 ff.
[12] Zur Reaktion einiger Betroffener insbesondere auf *Luhmanns* Thesen über die juristische Dogmatik s. den Bericht über *Luhmanns* Karlsruher Vortrag und die diesbezügliche Kritik *Essers* von *Böhm*, DRiZ 1973, 269 ff.
[13] *Luhmann*, Recht und Automation, S. 44 Fn. 28; *ders.*, Rechtssoziologie, S. 227 Fn. 40.

a) Der Wenn/Dann-Zusammenhang und damit der Inhalt der richterlichen Entscheidung werde erwartbar[14];

b) Programmiertes Entscheiden sei durch die Konditionierung entlastet, und zwar insbesondere „von Aufmerksamkeit und Verantwortlichkeit für Folgen der Entscheidung"[15].

In der Vorstellung konditionaler Programmierung richterlichen Entscheidens offenbart sich das positivistische Rechtsanwendungsmodell in systemtheoretischer Sprache und Denkweise. Dabei bleibt es den Einwänden der neueren Methodenkritik ausgesetzt. Gewiß: Auch Generalklauseln lassen sich ebenso wie alle anderen mehr oder weniger wertausfüllungsbedürftigen Normen in das Wenn/Dann-Schema einpassen. Die Umsetzung solcher Konditionalprogramme überträgt aber keine präfabrizierten Entscheidungen des Programmierers auf den Einzelfall, oder, in systemtheoretischer Diktion: sie reduziert als solche noch keine Komplexität. Entscheidungsalternativen werden kaum oder gar nicht ausgeschaltet, was sich zwischen input und output in der „black box" des Justizapparats abspielt, bleibt dunkel.

Daher machen solche Konditionalprogramme ohne vollständige Abschottung der einzelnen Konditionalelemente richterliches Entscheiden auch nicht inhaltlich erwartbar, noch entlasten sie gar von eigener Bewertungsarbeit. Im Gegenteil: In dem (zutreffenden) Verständnis der Generalklauseln als Delegationsnormen kommt gerade der Kompetenz- und Verantwortungs*zuwachs* der Justiz sinnfällig zum Ausdruck. Delegationsnormen reduzieren mithin keine Komplexität, sondern erhalten sie. Solange Konditionalprogramme nicht auf Tatbestands- und Rechtsfolgeseite so exakt gefaßt sind, daß sie Beurteilungsspielraum und Handlungsermessen eliminieren, treten die ihnen zugeschriebenen segensreichen Wirkungen nicht oder nur in sehr beschränktem Ausmaß ein. Da eine restlose Axiomatisierung und Kalkülisierung der Rechtsanwendung heute allgemein für unmöglich gehalten wird, bleibt das Problem der Justizautonomie bestehen.

Allerdings behauptet auch Luhmann nicht, daß das Muster einer konditionalen Programmierung eine adäquate Beschreibung des weiten

---

[14] *Luhmann*, Rechtssoziologie, S. 227.
[15] *Luhmann*, S. 231. Vgl. dazu auch *ders.*, Rechtssystem und Rechtsdogmatik, insbes. S. 31 ff.
Daß programmiertes Entscheiden vom Richter durchaus nicht nur als Entlastung, sondern auch als Belastung empfunden werden kann, zeigt die Äußerung des früheren Präsidenten des Bundesverwaltungsgerichts, Generalklauseln könnten „‚königliche' Paragraphen sein, die dem Richter die Last, ein Mann der Subsumtion und Exegese zu sein, weniger fühlbar machen und das Tor öffnen zum Aufbruch in ein ‚besseres' Recht (*Werner*, Zum Verhältnis von gesetzlichen Generalklauseln und Richterrecht, S. 19).

II. Die Konvergenz von Rechtsetzung und Rechtsanwendung

Bereiches justizieller Rechtsgewinnung sei. Auch er spricht — zutreffend — davon, „daß Rechtsnormen normalerweise in der Entscheidungspraxis entstehen, in der sie angewandt werden" und konzediert „die Unvermeidlichkeit richterlicher Rechtsschöpfung"[16]. Folgerichtig sieht er im Wenn/Dann-Programm auch kein „Abbild oder Modell seiner [des Juristen] faktischen Entscheidungstätigkeit"; die logische Form des Syllogismus habe keine Herstellungs-, sondern lediglich eine „Darstellungsfunktion". Überhaupt werde die juristische Entscheidung „durch bestimmte Darstellungserfordernisse ... gesteuert"[17].

Wenn aber Einigkeit darüber besteht, daß zumindest die justizielle Normsetzung nicht durch Gesetze programmiert ist, dann kann das Festhalten an der Fiktion der reinen Normreproduktion nur negative Folgen haben[18]: praktisch führt es zu Willkür, bestenfalls zu Billigkeitsrechtsprechung, die durch Scheinbegründungen nur notdürftig kaschiert wird. Die Rechtstheorie aber verbaut sich selbst den Weg zu fruchtbaren Ansätzen der Anleitung und Kontrolle richterlicher Rechtsbildung, wenn sie die soziale Friedensfunktion des Rechts bereits durch eine dressurhafte Umstrukturierung der Erwartungen der am gerichtlichen Verfahren Beteiligten unter dem Mantel einer konditionalen Programmierung gewährleistet sieht, den der Richter als forensischer Zeremonienmeister über den tatsächlichen Motiven seiner Entscheidung ausbreitet.

Wenn Generalklauseln mithin ihrem Gehalt nach nicht als konditionale Programmierung verstanden werden können, so liegt die Frage

---

[16] *Luhmann*, Recht und Automation in der öffentlichen Verwaltung, S. 25.
[17] *Luhmann*, S. 51. In der Justizwirklichkeit scheint das Verhältnis von tatsächlich entscheidungsleitenden Erwägungen und darstellender Entscheidungsbegründung sehr viel differenzierter zu sein, vgl. *Lautmann*, Justiz — die stille Gewalt, S. 175 ff. Von einer völligen Inkongruenz von Herstellung und Darstellung der Entscheidung kann danach keine Rede sein.
[18] Jedenfalls dann, wenn man im gerichtlichen Verfahren mehr sieht als einen Reduktionsprozeß sozialer Komplexität, der sich nicht durch die Verfolgung von materiellen Zielen wie Gerechtigkeit, Angemessenheit, Richtigkeit des Ergebnisses (woran immer diese zu messen wären) legitimiert, sondern durch „effektives, möglichst störungsfreies Lernen im sozialen System" (*Luhmann*, Legitimation durch Verfahren, S. 35), sowie die Isolation des Unterlegenen als Problemquelle (S. 121); wenn man ferner der Darstellung des Entscheidens mehr als „symbolisch-expressive Funktion" (S. 124) zuerkennt, die den Entscheidungsinhalt zwar erlernbar, aber nicht diskutabel macht (zur Kritik an „Legitimation durch Verfahren" vgl. *Esser*, Vorverständnis und Methodenwahl, S. 202 ff.; *Rottleuthner*, Rechtswissenschaft als Sozialwissenschaft, S. 141 ff.; *Eckhold-Schmidt*, Legitimation durch Begründung, S. 19 f.; *Zippelius*, Festschrift für Larenz, S. 293 ff.; *Horn*, Rechtstheorie 1975, S. 157 f.).
Zur Kritik insbes. des Verständnisses gesetzlicher Normen als Konditionalprogramme s. *Kilian* (Fn. 10), S. 67 f. Mit Recht differenzierend *Teubner*, Rechtstheorie 1975, S. 185.

nahe, ob sie möglicherweise dem anderen Grundmodell der Entscheidungsprogrammierung zugerechnet werden können, den Zweckprogrammen. Diese schreiben die anzustrebenden Wirkungen (Zwecke) vor (etwa: Gewinnmaximierung, Sozialstaatlichkeit, Lauterkeit des Wettbewerbs) und weisen den Entscheidenden an, nach Mitteln zu suchen, die zur Erreichung dieses jeweiligen Zweckes geeignet sind[19]. Auf Rechtsnormen übertragen, bedeutet dies, daß auf der Rechtsfolgeseite ein Handlungsspielraum eingeräumt sein muß. Typische Zweckprogramme sind Ermessensnormen[20]. Daran zeigt sich schon, daß etwa § 1 UWG zutreffend auch nicht als Zweckprogramm verstanden werden kann. Dem Richter steht keine Auswahl an Mitteln zur Verfügung, mit denen er den Zweck „Lauterkeit des Wettbewerbs" jeweils optimal verfolgen könnte. Nicht einmal zwischen Unterlassung und Schadensersatz kann er wählen, da diese Rechtsfolgen primär zur Disposition der klagenden Partei stehen.

Damit soll nicht bestritten werden, daß jede Form der Rechtsgewinnung Zweckerwägungen in reichem Maß, insbesondere bei der Herausarbeitung der „ratio" der Norm, impliziert. Ganz im Gegenteil: je deutlicher sich richterliche Tätigkeit als Normsetzung darstellt, desto stärker tritt ihr finaler Charakter hervor, der für jede Regelbildung charakteristisch ist[21]. Nur sind eben die Mittel, die zur Verfolgung der autonom gesetzten Zwecke zur Verfügung stehen, durch die Rechtsfolgeanordnung und die Klagebegehren der Parteien beschränkt.

Die Grundmodelle system- und entscheidungstheoretischer Programme sind folglich nicht geeignet, die richterliche Ausfüllung von Blankettnormen zu beschreiben, erklären oder anzuleiten[22].

4. Ergebnisberücksichtigung

Des weiteren muß auch die herkömmliche Assoziation von Legislative und Judikative mit output- bzw. input-Orientierung[23] relativiert wer-

---

[19] Vgl. *Naschold*, Organisation und Demokratie, S. 63 f., 72; *Luhmann* (Fn. 16), S. 36 ff.; *ders.* (Fn. 18), S. 130; *Esser* (Fn. 18), S. 142 ff.; *Schlink*, JbRSozRTh II (1971), S. 342. Entsprechend unterscheiden *Eckhoff / Jacobsen* die Entscheidungsmodelle nach den Grundtypen des „means-end model" und des „subsumption model", vgl. Rationality and Responsibility, S. 9 f.

[20] Vgl. *Luhmann* (Fn. 16), S. 39 f.

[21] Vgl. *Hopt*, JZ 1972, 67; *Esser* (Fn. 18), S. 143.

[22] Kritisch in ähnlichem Sinne *Noll*, Gesetzgebungslehre, S. 252 f.; *Schwerdtner*, Rechtstheorie 1971, S. 71 ff., 236 Fn. 290; *Koch*, Zur Analyse richterlicher Entscheidungen, S. 105 Fn. 303.

[23] Zur Übertragung kybernetischer Modelle auf die justizielle Rechtsgewinnung vgl. *Rottleuthner* (Fn. 18), S. 122 ff.; *Ballweg*, Rechtswissenschaft und Jurisprudenz, S. 76, 83 ff.; *Luhmann*, Rechtssystem und Rechtsdogmatik, S. 31 ff., 58 ff.

II. Die Konvergenz von Rechtsetzung und Rechtsanwendung

den. Dieses Vorhaben führt zugleich in den engeren Problemkreis der Berücksichtigung sozialer Fernfolgen bei der Urteilsfindung ein, der in den folgenden Kapiteln ausführlich erörtert werden soll.

Für die parlamentarische Gesetzgebung wird man — wie für jede zweckverfolgende Tätigkeit — die Berücksichtigung absehbarer Folgen der Normbildung im Entscheidungsprozeß als einen unerläßlichen Bestandteil gesetzlicher Steuerung betrachten müssen[24] — seien es nun Haupt- oder Nebenfolgen, Spätfolgen, beabsichtigte oder unbeabsichtigte Resultate.

Für die richterliche Entscheidungsfindung läßt der Positivismus eine Orientierung der Rechtsgewinnung an ihren Ergebnissen ebensowenig zu wie die Theorie der konditionalen Programmierung. Danach wird die Rechtsprechung entscheidend determiniert durch den input, die Eingabe gesetzlicher Wenn/Dann-Programme.

In augenfälligem Gegensatz hierzu steht die forensische Praxis, für die die Frage nach dem „befriedigenden Ergebnis" im Durchschnitt zumindest gleichberechtigt[25], wahrscheinlich aber in den meisten Fällen vorrangig zu dem Streben nach stringenter Ableitung und „sauberer" Konstruktion steht. Ein früherer Bundesrichter bemerkt hierzu: „Es ist ganz natürlich und es wird sich nie etwas daran ändern, daß der Richter entscheidend auch auf das Ergebnis abstellt[26]." Und *Esser* befindet: „Eine ‚kausale Subsumtion' mit scheinbar uninteressierter ‚Wirkung' gibt es schlechterdings nur bei völligem Mißverständnis der richterlichen Verantwortung. ... Für den Regelfall ist dem Rechtsanwendenden der sogenannte finale Vorgriff auf die Ergebnisvernunft selbstverständlich[27]."

Die Justizpraxis stellt also auf die Ergebnisse und Auswirkungen ihres Handelns ab, wenn diese Erwägungen auch — von Fall zu Fall in unterschiedlichem Grade — durch die Normen des formellen Sachprogramms angeleitet, begrenzt oder gar abgeblockt werden. Diese output-Orientierung korrespondiert wiederum mit der Weite des eigenständigen Entscheidungsbereichs: Entscheidungsbandbreiten werden gerne durch den Verweis auf „untragbare" etc. Ergebnisse eingeengt, während sich in den Bereichen des dogmatisch verfeinerten Strengrechts noch am ehesten das bedauernde „dura lex, sed lex" findet.

Auch das Maß der Entlastung des Richters von der Verantwortung für die Folgen seiner Entscheidung läßt sich diesen Relationen zwang-

---

[24] Vgl. *Noll* (Fn. 22), S. 146 ff.; *Hopt*, JZ 1972, 65 ff.
[25] Vgl. *Lautmann* (Fn. 17), S. 83 f.
[26] *Pehle* in Pehle / Stimpel, Richterliche Rechtsfortbildung, S. 12.
[27] *Esser* (Fn. 18), S. 69. Vgl. auch *Hopt*, JZ 1972, 67.

los zuordnen: es verringert sich mit der Breite des Entscheidungsspielraums, tendiert bei den Generalklauseln also gegen Null.

5. Abstrakte/konkrete Konfliktlösungen

Auch die Vorstellung, nur der Gesetzgeber regele durch generalisierte Normen eine Vielzahl hypothetischer Konflikte, während die Gerichte sich auf die Lösung jeweils einzelner Streitfälle beschränkten, bedarf der Korrektur. Insbesondere obergerichtliche Rechtsregeln erfahren seit langem weitgehende Generalisierung durch eine starke faktische Präjudizienbildung[28]. Je höher die urteilende Instanz, desto eher beschränkt sich ihre Konfliktregelung nicht auf den Einzelfall, sondern wird von anderen Gerichten als Muster in vergleichbaren Fällen herangezogen. Aus der Praxis berichtet dazu *Lautmann:* „Die oberen Bundesgerichte erhalten hiermit für die unteren Gerichte fast Rolle und Einfluß des Gesetzgebers, nämlich eines autoritativen Definierers von Entscheidungsprogrammen." Und: „BGH locuta, causa finita[29]."

Hier droht eine prinzipiell sinnvolle Präjudizienbeachtung in BGH-Gläubigkeit auszuarten. Dies wäre allerdings das Ende jeden Fallrechtswachstums. Denn case law bedarf nicht nur einer (formellen oder informellen) Autorität, die die Verbindlichkeit von Vorentscheidungen in Richtung von oben nach unten sichert, sondern zugleich der steten Zuführung neuauftretender Probleme und Fallgestaltungen von unten nach oben. Der BGH sah sich bereits zu der Ermahnung an die Untergerichte veranlaßt, sich nicht blind an bereits anerkannte Fallgruppen zu halten, sondern in Problemfällen durch das Dickicht von Präjudizien hindurch auf die Generalklausel (hier: § 826 BGB) zurückzugreifen und so deren eigentlichen Funktion als Auffangtatbestand für unvorhergesehene regelungsbedürftige Lebenssachverhalte wieder Geltung zu verschaffen[30].

Ein weiteres Symptom für die gesetzesgleichen Wirkungen der höchstrichterlichen Rechtsprechung ist der Ruf nach Vertrauensschutz gegenüber Änderungen dieser Rechtsprechung. Hier eröffnet sich eine Rückwirkungsproblematik, wie wir sie bisher nur in bezug auf parlamentarische Gesetze gekannt haben. Die Obergerichte beginnen daher,

---

[28] Vgl. *S. Simitis,* Informationskrise des Rechts, S. 22; *Germann,* Präjudizien als Rechtsquelle, pass.; *Coing,* JuS 1975, 277 ff.; *Esser,* Vorverständnis und Methodenwahl, S. 184 ff.; *ders.,* AcP 1972, 115.
[29] *Lautmann* (Fn. 17), S. 97, 96. Vgl. auch *Hopt,* JZ 1972, 68 und *Michaelis,* Göttinger Festschrift für das OLG Celle, S. 147; *Fischer,* Die Weiterbildung des Rechts, S. 38 f.
[30] BGH NJW 1970, 657, 659.

II. Die Konvergenz von Rechtsetzung und Rechtsanwendung

Enttäuschungen des Vertrauens auf Kontinuität ihrer Rechtsprechung durch die Ankündigung von Rechtsprechungsänderungen vorzubeugen[31].

Die quasi-gesetzlichen Funktionen höchstrichterlicher Rechtsprechung erschöpfen sich jedoch nicht in der Garantie einer durch alle Instanzen weitgehend einheitlichen Beurteilung einmal entschiedener Interessengegensätze. Denn die Konformität der Justizpraxis hat ihrerseits für die Rechtsgemeinschaft die Folgen, die man herkömmlicherweise einer detaillierten Gesetzgebung zuschreibt: Berechenbarkeit und damit Rechtssicherheit. Eine auf Präjudizien gestützte Beratungspraxis von Anwälten und Syndici ist — in gewissen Grenzen — in der Lage, die gerichtliche Entscheidung einer Rechtsfrage vorherzusehen und so dem Interessenten zu sagen, was er darf und was nicht (etwa im Wettbewerb), welche Vertragsklauseln zulässig oder verboten sind usw. Die Rolle, die derartige Berechnungen richterlichen Entscheidens in der anwaltlichen Praxis spielen, läßt erkennen, wie weit die Praxis unseres Fallrechts sich dem Rechtsrealismus etwa eines *Holmes* angenähert hat: "The prophecies of what the court will do in fact, and nothing more pretentious, are what I mean by the law[32]."

Zumindest diese Seite einer Fallrechtsordnung ist also bei uns trotz einer kodifikatorischen Tradition zur Geltung gekommen — freilich in den einzelnen Teilrechtsgebieten in unterschiedlichem Ausmaß. Die andere Seite eines entwickelten Präjudizienrechts, nämlich die Ausbildung der richterlichen Normen selbst, wird uns noch ausführlich beschäftigen. Hier gilt es zunächst, den praktischen Schwerpunkt justizieller Regelbildung festzuhalten: es sind vornehmlich die Leitentscheidungen und Grundsatzurteile der Revisionsgerichte, deren rationes decidendi und Leitsätze die Funktionen formeller Gesetze übernehmen. Soweit die Untergerichte sich um eine präjudizienkonforme Entscheidungspraxis bemühen, entfällt insoweit die Normbildung wieder weitgehend zugunsten von Normanwendung — vollzogen wird jedoch nicht mehr Gesetzes-, sondern Richterrecht.

6. Politisches / unpolitisches Entscheiden

Die politische Funktion der Rechtsprechung soll hier nicht als ein Konvergenzaspekt unter anderen verstanden werden, sondern gewissermaßen als Summe der zuvor erörterten Tendenzen. Damit ist zugleich der Sinn umschrieben, in dem dieses mißverständliche Wort hier gebraucht wird: in dem Maße, in dem die Rechtsprechung vorausschauend, allgemeinverbindlich und sozialgestaltend unter Wahrneh-

---

[31] Vgl. etwa BAG JZ 1974, 770 und dazu *Birk*, JZ 1974, 735.
[32] *Holmes* 10 Harvard L. R. (1897), S. 460.

mung alternativer Handlungsmöglichkeiten entscheidet, agiert sie „politisch".

„Politische Betätigung ist nichts anderes als Teilnahme an der Rechtsbildung"[33], und die Teilnahme der Gerichte an der Rechtsbildung ist auch aus unserem einst kodifikationsgläubigen Rechtskreis nicht mehr hinwegzudenken. Ihre politische Funktion erfüllt die Rechtsprechung in besonders augenfälliger und zugleich selbstbewußter Weise in den Rechtsgebieten, in denen der Gesetzgeber vor allzu dynamischen Lebensverhältnissen oder unüberbrückbaren Interessengegensätzen kapituliert hat[34]. Hier wie auch sonst ist sie „zur fürsorglichen Gestaltung von Lebensverhältnissen und zur Wohlordnung sozialer und wirtschaftlicher Zustände" berufen[35].

Diese Beschreibung der Aufgaben des Richterrechts wirft zugleich einige Fragen auf, die die justizielle Lösbarkeit dieser Aufgaben grundsätzlich zweifelhaft erscheinen lassen.

III. Konvergenzprobleme

„Gestaltung" und „Wohlordnung" werden zu leicht mit Gesetzgebung und Verwaltung assoziiert, als daß die Kompetenz der Justiz zur Teilnahme an dieser Arbeit nicht äußerst fraglich erscheinen müßte — gerade weil sie nach Herkommen, Organisation und Ausbildung ihres Stabes auf die Erfüllung anderer Funktionen ausgerichtet ist. Hinsichtlich der Sozialgestaltung scheint die Justiz verglichen mit Legislative und Exekutive vor allem an zwei Defiziten zu leiden: dem der Legitimation und dem der Technologie.

1. Die Legitimation justizieller Regelbildung

Daß Rechtsprechung die Gesetzgebung wenigstens teilweise funktional ersetzt, wird weitgehend anerkannt[36]. Auch die weitergehende Behauptung, „daß eine Unterscheidung von Rechtspolitik und Rechtsanwendung überhaupt nicht möglich ist und daß demnach Art. 20 III GG zum Teil ein unerfüllbares und daher leerlaufendes Postulat beinhaltet, das zum größten Schaden die Vorstellung eines unpolitischen Richters

---

[33] *Heck*, Das Problem der Rechtsgewinnung, S. 10, Fn. 2.
[34] Vgl. etwa zum Arbeitsrecht *Adomeit*, Rechtsquellenfragen im Arbeitsrecht, S. 24 ff.
[35] *Wieacker*, Gesetz und Richterkunst, S. 4.
[36] Vgl. etwa *Adomeit* (Fn. 34); *Hilger*, Festschrift für Larenz, S. 113; *Kriele*, Theorie der Rechtsgewinnung, S. 60 ff., 196; *Kübler*, Über die praktischen Aufgaben zeitgemäßer Privatrechtstheorie, S. 14; *ders.*, DRiZ 1969, 382 f.; *Naucke*, Über die juristische Relevanz der Sozialwissenschaften, S. 44; *Noll* (Fn. 22), S. 47 ff.; *Perelman*, Raisonnement Juridique et Logique Juridique, S. 126; *S. Simitis* (Fn. 28), S. 18 ff.; *Teubner* (Fn. 18), S. 191.

hervorgebracht hat"[37], dürfte jedenfalls hinsichtlich § 1 UWG kaum zu bestreiten sein.

Die Erkenntnis, daß Richterrecht dort, wo es autonom ist, nicht mehr an der (demokratischen) Legitimation eines formellen Gesetzes teilhat, wie es das traditionelle Subsumtionsmodell für den vermeintlichen Normalfall der „Rechtsanwendung" vorsah, wirft die Frage nach neuen Legitimationsgrundlagen auf.

Ist die Bindung an das Gesetz bei Generalklauseln durch einen Rekurs auf die Prinzipien der Gesamtrechtsordnung in modifizierter Form wiederherstellbar[38]? Oder hat sich die richterliche Normbildung durch das Bemühen um Konsensbildung bei den Verfahrensbeteiligten zu legitimieren[39]? Möglicherweise muß auch die Implikation von Wahrheit oder Gerechtigkeit durch Legitimität aufgegeben werden. Dann wäre Legitimität nur noch die Funktion der Fähigkeit politischer Systeme, den Glauben zu erzeugen (auf welche Art immer), die bestehenden Institutionen seien für die Gesellschaft die zweckmäßigsten[40] oder der Bereitstellung von materiellen Kompensationen für mangelnde politische Teilhabe, d. h. die Verbesserung des Lebensstandards, die den Anspruch politischer Herrschaft erträglich und „gerechtfertigt" erscheinen läßt[41]. In Verbindung mit Formen „gestörter Kommunikation"[42] kann Legitimität schließlich von jeder Qualität politischer Herrschaft abgekoppelt und allein in den Dienst eines reibungslosen Funktionierens des politischen Systems gestellt werden[43]. Welche Folgen hätte das für die Rechtsprechung?

2. Die praktische Befähigung der Justiz zur Sozialgestaltung durch Normbildung

Obwohl es mit in erster Linie die Obergerichte waren und sind, die durch die Übernahme materiell gesetzgeberischer Aufgaben[44] die Annäherung der Judikative an die Legislative in funktionaler Hinsicht vorangetrieben haben, müssen doch erhebliche Zweifel daran bestehen,

---

[37] *Schwerdtner*, Rechtstheorie 1971, 235. Ähnlich *Säcker*, ZRP 1971, 147.
[38] So *Rüthers*, Die unbegrenzte Auslegung, S. 436, 437 f.
[39] Vgl. *Eckhold-Schmidt*, Legitimation durch Begründung, insbes. S. 16 ff.
[40] Vgl. *Lipset*, Political Man, S. 64.
[41] Vgl. *Friedrich*, Politik als Prozeß der Gemeinschaftsbildung, S. 110, der diese Vorstellung allerdings „etwas zynisch" findet; *Lipset*, S. 70.
[42] Vgl. zu diesem Begriff *Mueller*, Politik und Kommunikation, S. 23 ff., 30.
[43] Vgl. *Luhmann* (Fn. 18), insbes. S. 34 f. und kritisch *Mueller* (Fn. 42), S. 166 ff.
[44] Mit dem Erlaß von Delegationsnormen gibt der Gesetzgeber nicht nur die *inhaltliche* Regelung sozialer Sachverhalte aus der Hand, sondern überträgt zugleich die Befugnis an die Rechtsprechung, die eigenen *Zuständig-*

daß der Justizapparat — angefangen bei der materiellen Ausstattung bis hin zum Ausbildungs- und Informationsstand des Rechtsstabes — für ein effizientes „social engineering" ausreichend gerüstet ist. Dieses würde vor allem die Möglichkeit einer halbwegs zutreffenden Erfassung der zu regelnden gesellschaftlichen Wirklichkeit und die Beherrschung der eigenen Steuerungskapazität voraussetzen. Es fragt sich, ob Juristen als solche dazu in der Lage sind. Im Hinblick auf unser Thema erscheint insbesondere fraglich, ob die (Ober-)Gerichte die sozialen Fernwirkungen ihrer Entscheidungen abschätzen können. Diese Bedenken dürfen im Hinblick darauf angemeldet werden, daß sich die rationes vieler (Leit-)Entscheidungen im wesentlichen auf Auswirkungsprognosen unterschiedlichster Art stützen, ohne daß (in den allermeisten Fällen) die hierfür zuständigen Sozialwissenschaften konsultiert worden wären. Kurz: Normbildung durch Gerichte ist auch ein sozialtechnologisches Problem.

3. Normsetzung und Folgenerwägungen

Die angeschnittenen Probleme sind zu komplex, als daß sie hier auch nur ansatzweise gelöst werden könnten. Eine grundlegende Revision des Verhältnisses von Gesetzgebung und Rechtsprechung, die die Konvergenz theoretisch und praktisch in den Griff bekommen könnte, steht noch aus[45].

In den folgenden Kapiteln soll aber versucht werden, die Tauglichkeit einer bereits weit verbreiteten Begründungsstrategie — Folgenerwägungen — zur Bewältigung wenigstens von Teilaspekten der Konvergenzproblematik zu untersuchen. Unsere Vermutung geht dahin, daß Folgenerwägungen — in einem weiter unten[46] zu definierenden Sinne — sowohl für die Technik der Normbildung als auch für die Legitimation der damit verfolgten Zwecke gute, wenn nicht unentbehrliche Dienste leisten können, darüber hinaus aber auch für eine teleologische Auslegung von „fertigen" Normen unerläßlich sein können.

Als empirische Basis für alle weiteren Erörterungen soll aber zuvor die einschlägige Rechtsprechung zu § 1 UWG dargestellt werden.

---

*keits*grenzen festzulegen. Am Beispiel des UWG: Die Rechtsprechung entscheidet selbst, ob sie Regelungsbereiche an sich zieht, die herkömmlich von der Verwaltung, der Gesetzgebung oder gesellschaftlichen Gruppierungen ausgefüllt wurden. Ob sie sich mit der Kontrolle der Unternehmenskonzentration, der Verhinderung von Werbung für gesundheitsschädliche Produkte, usw. befaßt, entscheidet sie durch die Ausfüllung des § 1 selbst.

[45] Ansätze zu einer Neuorientierung von Gewaltenteilungs- und Funktionslehre unter Berücksichtigung der Annäherung von Gesetzgebung und Rechtsprechung bei *Noll* (Fn. 22), S. 47 ff. Vgl. auch *ders.*, JbRSozRTh II (1972), S. 524 ff.

[46] s. Teil 4 IV.

Dritter Teil

Folgenerwägungen in der Rechtsprechung zu § 1 UWG

I. Erste Folgenerwägungen des Reichsgerichts: „Volkswirtschaft" und „Allgemeinheit"

(1) RG vom 27. III. 1936, GRUR 1936, 810 — „Diamantine"

Eine Putzmittelherstellerin verteilte an Privathaushalte Gutscheine, die zum kostenlosen Bezug einer Dose Diamantine-Schuhkreme (Wert: 22 Pfennige) berechtigte. Außerdem konnte, wer den Gutschein beim Einzelhändler einlöste, an einer Ausspielung teilnehmen, in der Radioapparate u. ä. zu gewinnen waren. Die Händler erhielten einen der Handelsspanne entsprechenden Betrag vom Hersteller gutgeschrieben oder ausgezahlt.

Die Klage mehrerer Konkurrentinnen war in allen drei Instanzen erfolgreich, soweit sie sich auf § 1 UWG stützte.

Die für das *Berufungsgericht* (OLG Celle) entscheidenden Gesichtspunkte werden — jedenfalls aus dem Zitat seiner Begründung im Rahmen des RG-Urteils — nur schwer deutlich. Obwohl „der Empfänger des Gutscheins nicht genötigt" werde, „von dem Angebot unentgeltlicher Warenabgabe Gebrauch zu machen"[1], liege „zumal in Verbindung mit einer Ausspielung" ein „unlauterer Kundenfang"[2] vor.

Die Unlauterkeit ergibt sich für das OLG Celle also nicht aus einer ungebührlichen Beeinflussung der Endabnehmer. Maßgebend scheint vielmehr der (scheinbare) Verstoß gegen den ehernen Erfahrungssatz gewesen zu sein, daß ein Kaufmann nichts zu verschenken habe: „Denn es sei nicht sein Beruf, seine Ware zum Nachteil seiner Mitbewerber zu verschenken, sondern nach kaufmännischen, auf ordnungsmäßige Kalkulation und Erzielung angemessenen Gewinns abgestellten Grundsätzen für ihre Verteilung vom Hersteller zum Verbraucher zu sorgen[3]".

Offensichtlich beinhaltet die Formel „es ist nicht Aufgabe des Kaufmanns..." mehr als eine unbeteiligte Feststellung. Gemeint ist: „Der

---

[1] GRUR 1936, 811 l. Sp.
[2] Ebda. r. Sp.
[3] Ebda. l. Sp.

3. Teil: Folgenerwägungen in der Rechtsprechung zu § 1 UWG

Kaufmann soll dieses oder jenes nicht tun[4]!" Im Folgenden wird diese soeben aufgestellte Norm begründet: mehr noch als die (seinerzeit bereits verbotenen) Zugaben und größeren Rabattgewährungen führten derartige Praktiken „zu einer unangemessenen Verminderung des Rohgewinns" und stellten „damit die Lebensfähigkeit vieler, zumal kleinerer Geschäfte in Frage". Die Werbemethode sei „ein Mißbrauch der dem anständigen Kaufmanne gegebenen Freiheit der Kundenwerbung und Kalkulation, der, in großem Umfange betrieben, den an sich schon scharfen Wettbewerbskampf übermäßig steigern und zu seiner Verwilderung führen müsse"[5].

Wir haben in dieser Begründung des OLG Celle einen der vermutlich frühesten Fälle ausdrücklicher Folgenerwägungen zu § 1 UWG vor uns. Die Prognose lautet: Wenn das Gericht dieser — offenbar erfolgreichen — Werbemethode nicht Einhalt gebietet, wird sie Nachahmer finden. Das wiederum wird dazu führen, daß kleinere Unternehmen, die bei kostspieligen Aktionen dieser Art nicht mithalten können, aus dem Wettbewerb ausscheiden. Diese Auswirkung empfand das OLG augenscheinlich als untragbar und suchte daher die Wurzel künftigen Übels auszurotten, indem es die unentgeltliche Warenabgabe verbot.

Der zur dogmatischen Absicherung dieses anhand vorjuristischer Wertung „gefundenen" Ergebnissen bemühte Erst-recht-Schluß aus dem Rabattgesetz und der Zugabeverordnung ist recht anfechtbar[6]. Stattdessen hätte man sich zur Rechtfertigung des angestrebten Mittelstandsschutzes immerhin auf die Entstehungsgeschichte des UWG berufen können[7].

Der angestrebte wettbewerbliche Bestandsschutz für Konkurrenten steht ferner im Widerspruch zum Urteil des Reichsgerichts im berühmten „Benrather Tankstellenfall"[8], das den Widerspruch von „Wettbewerb und Existenzvernichtung"[9] grundsätzlich zugunsten des ersteren löste und die Ausschaltung eines Konkurrenten nur unter besonders gravierenden Umständen für unlauter befand, die im Diamantine-Fall eindeutig nicht vorlagen.

---

[4] Zur „Fusion von Wertung und Erkenntnis durch Formulierung kryptonormativer Aussagen" vgl. *Albert*, Traktat über kritische Vernunft, S. 80 ff.
[5] GRUR 1936, 811 r. Sp.
[6] Vgl. die abweichende Entscheidung des OLG Düsseldorf im „Persil"-Fall (unten Fall 2).
[7] Vgl. die mittelstandsfreundlichen Äußerungen der Abgeordneten *Giese*, *Findel* und *Linz* in der Reichstagssitzung vom 25. I. 1909 (GRUR 1909, 106 ff.).
[8] RG vom 18. XII. 1931, RGZ 134, 342.
[9] So der Titel der wegweisenden Schrift *Nipperdeys*. Sie beruhte auf einem für die beteiligten Mineralölkonzerne erstatteten Gutachten. Das RG übernahm zwar die vorgeschlagene Unterscheidung von (erlaubtem) Leistungs-

I. Erste Folgenerwägungen des Reichsgerichts

Die Begründung des Reichsgerichts:

Das RG hält das Berufungsurteil im Ergebnis aufrecht. Auch hier finden wir eine — etwas sorgfältigere — Folgenprognose[10], die ebenfalls zur Annahme einer Eskalationsgefahr führt. Die Begründung der Unlauterkeit verweist jedoch nicht — wie die des OLG Celle — auf eine dadurch eintretende Benachteiligung der Konkurrenten, mithin einen individualrechtlichen topos[11], sondern auf die — nunmehr bereits seit einigen Jahren propagierte — sozialrechtliche Komponente des UWG und seines § 1 im besonderen:

„Bei dem Zwecke des Gesetzes gegen den unlauteren Wettbewerb, nicht nur den redlichen Wettbewerber zu schützen, sondern auch im öffentlichen Interesse den Auswüchsen im Wettbewerb überhaupt zu steuern ... muß vielmehr auch in Betracht gezogen werden, ob eine Werbemaßnahme den Belangen der Allgemeinheit entspricht u. es kann bei der Prüfung ihres Erlaubtseins nicht daran vorübergegangen werden, ob sie wegen ihrer Folgen für jene Belange vom gesunden Volksempfinden gebilligt oder als sittenwidrig abgelehnt wird. ... Nötigt der Wettbewerber ... seine Konkurrenten, ihm auf diesem Wege zu folgen, so muß dies zu einer dem Zwecke u. der Bedeutung geschäftlicher Werbung unangemessenen, übertriebenen Belastung der Wirtschaft führen, deren Nachteile nicht nur der Mitbewerber, sondern letzten Endes die Allgemeinheit zu tragen hat. Denn auf sie muß der Kaufmann schließlich die Kosten seiner Reklame in irgendeiner Form abwälzen, wenn anders er auf die Dauer bestehen will[12]."

Dieses Urteil markiert einen Umschwung, der nicht nur die „sozialrechtliche" Umstrukturierung des UWG[13], sondern auch einen profunden Wandel im Selbstverständnis der höchsten Zivilrichter voraussetzt. Zur Veranschaulichung dieser tiefgreifenden Umwälzung möge ein nur wenige Jahre älteres Urteil[14] dienen, mit dem das Reichsgericht die wettbewerbsrechtliche Unbedenklichkeit eines von einem großen Berliner Schuhhaus veranstalteten Kinder-Malwettbewerbs attestierte. Nach einem Bekenntnis zum „Schutz des Publikums" durch das UWG fährt das RG fort:

„Der Kostenaufwand mit der sich daraus ergebenden selbstverständlichen Folge der Unmöglichkeit des wirtschaftlich Schwächeren, gleiches zu tun, bildet keinen Maßstab für die Grenze des Zulässigen, auch wenn dadurch zahlreiche Mitbewerber ihre wirtschaftliche Selbständigkeit verlieren müssen, so lebhaft das auch vom sozialen Standpunkt aus zu beklagen ist. Dieser

---

und (unlauterem) Behinderungswettbewerb, entschied den Fall aber gleichwohl im Sinne des beklagten Tankstellenpächters.
[10] S. 812.
[11] So aber noch in dem ähnlich gelagerten Fall RG GRUR 1936, 190 — „Dentistentagebuch".
[12] S. 812.
[13] s. o. Einleitung II.
[14] RG MuW 1931, 154.

Entwicklung, die nun einmal ... durch die Wirtschaft selbst geschaffen ist und sich dauernd im Fluß befindet, kann von dem Richter kein Riegel vorgeschoben werden; das ist nicht seine Aufgabe. Für ihn ist maßgebend das Empfinden des anständig denkenden Kaufmanns, der diese Entwicklung kennt und versteht und aus ihr die nun einmal nicht zu umgehenden Folgerungen auf wirtschaftlichem und rechtlichem Gebiet zieht, mag er auch diesen Gang der Entwicklung als unerwünscht im Interesse des einzelnen und der Volksgesamtheit ansehen[15]."

Noch keine sechs Jahre später ist in der Diamantine-Entscheidung von einem derartigen Fatalismus nichts mehr zu spüren. Ein vorerst noch recht diffuses Gefühl des „so kann es nicht weitergehen" hatte auch das Reichsgericht erfaßt und über die frühere Abstinenz in „politischen" Fragen gesiegt. Als repräsentativ für das verbreitete, aber relativ unreflektierte Unbehagen an manchen Formen der modernen Werbung mag eine Äußerung von *Cahn* gelten, der im Hinblick auf ein unentgeltliche Verlosungen betreffendes Reichsgerichtsurteil einige Jahre vor der Diamantine-Entscheidung geschrieben hatte[16]:

„Ich möchte kurz und bündig ... mich so äußern, wie es ein früherer Monarch anläßlich der Besichtigung einer Kunstveranstaltung getan hat: die ganze Richtung gefällt mir nicht ... Es liegt etwas Korruptives, Ordnung und Zucht im Handel und Wandel Untergrabendes in diesen tollen Geschenken, die ja doch letzten Endes nur das Plenum der Käufer selbst bezahlt[17]."

(2) RG vom 19. X. 1937, GRUR 1938, 207 — „Persil"

Den Streit um die Zulässigkeit der Verteilung von Waschpulver in Originalpackungen als Warenprobe nimmt das RG als Anlaß zur Fortschreibung der in der Diamantine-Entscheidung aufgestellten Regeln.

Das Berufungsgericht (OLG Düsseldorf) schloß — im Gegensatz zum Erst-recht-Argument des OLG Celle im Diamantine-Fall — aus Rabattgesetz und Zugabeverordnung e contrario auf die Zulässigkeit nicht nur der Verteilung von Warenproben, sondern des Verschenkens von Originalware überhaupt: „Die Schaffung eines Verbots der Umsonstabgabe von Waren sei nicht Aufgabe der Gerichte[18]."

Demgegenüber hält das RG am Verbot des Verschenkens von Ware fest, es sei denn, daß sie mengenmäßig als Warenprobe angesehen werden könne, was im vorliegenden Fall — trotz Originalverpackung — bejaht wird. Ausschlaggebend sind wiederum die absehbaren Folgen:

---

[15] Ebda. S. 155. Eine explizite Ablehnung von Folgenerwägungen findet sich z. B. auch in OLG Kiel, GRUR 1929, 364.
[16] RG MuW 1930, 561.
[17] MuW 1931, 242.
[18] RG GRUR 38, 208 l. Sp.

II. Die frühe Nachkriegsrechtsprechung: Konsolidierung

„Es muß weiter geprüft werden, ob nicht vielleicht die für das werbende Unternehmen tragbare und Erfolg versprechende ‚Wertreklame' deshalb unzulässig ist, weil sie, insbesondere bei der zu erwartenden Nachahmung ... zur Schädigung der Wirtschaft und damit der Gesamtheit führen muß[19]."

„Es ist... kein Beweis gegen die Richtigkeit des Urt. des Sen. vom 27. März 1936 [Diamantine], daß die befürchtete Schädigung der Allgemeinheit nicht in jedem Fall, sondern nur bei unangemessenen u. kaufmännisch nicht zu rechtfertigenden Schenkungen eintreten würde. Denn der Nachteil für die Allgemeinheit liegt gerade darin, daß die Zulassung solcher Werbung zu Nachahmungen u. damit zu kaufmännisch nicht zu rechtfertigenden — weil sich immer mehr ausbreitenden — Schenkungen führen kann und führen muß[20]."

(3) RG vom 24. VI. 1939, GRUR 1939, 862 — „Lockenwickler"

Auf der Grundlage der nunmehr schon ständigen Rechtsprechung[21], nach der die unentgeltliche Abgabe von Ware zu Werbezwecken wegen der — insbesondere bei Nachahmung durch die Konkurrenten — zu erwartenden negativen volkswirtschaftlichen Folgen sittenwidrig im Sinne von § 1 UWG ist, wird nunmehr die Abgrenzung von — zulässigen — Warenproben und — unzulässigem — Verschenken von Ware verfeinert. Das braucht uns nicht weiter zu interessieren. Aufschlußreich ist jedoch die im Urteil erwähnte Begründung der Berufungsinstanz (Kammergericht), wonach die Mitbewerber genötigt würden, „dem Beispiel des Schenkers zu folgen und ihn noch zu übertrumpfen", was „die Gefahr eines allgemeinen Wettschenkens" begründe[22]. Das Beispiel zeigt, mit welcher Unbefangenheit sich Instanzgerichte dem reichsgerichtlichen Begründungsstil angeschlossen hatten, „Sittenwidrigkeit"[23] aus — vorhergesagten — sozialen Belastungen herzuleiten.

II. Die frühe Nachkriegsrechtsprechung: Konsolidierung

(4) OLG München vom 28. VI. 1955, NJW 1955, 1681

Ein Möbelhändler warb mit kostenlosen Besichtigungsfahrten zu seinen Warenlagern.

Die Unlauterkeit dieser Werbemaßnahme wird zweispurig begründet: erstens verschaffe der Händler sich durch psychologischen Kauf-

---

[19] S. 210. 1. Sp.
[20] Ebda.
[21] Vgl. außer den Fällen (1) und (2) weiterhin RG GRUR 1938, 849.
[22] S. 863 r. Sp.
[23] Die Anführungszeichen drängen sich hier auf. Mit ethischer Verwerflichkeit oder moralischer Entrüstung hat all dies natürlich nichts mehr zu tun. Man begann daher den Vorwurf der Unmoralität in dem Maße zugunsten der Feststellung von „Wettbewerbswidrigkeit" o. ä. zurückzunehmen, als man die geläufigen „So-etwas-tut-ein-anständiger-Kaufmann-nicht"-Argumente durch Gesichtspunkte aus dem Bereich der öffentlichen Ordnung ergänzte.

zwang gegenüber seinen potentiellen Kunden einen ungerechtfertigten Vorsprung vor seinen Mitbewerbern (individualrechtliche Ansätze), zweitens seien aber auch wirtschaftliche sowie Belange der Allgemeinheit betroffen (sozialrechtlicher Ansatz). Nach einem langen wörtlichen Zitat aus der Diamantine-Entscheidung des RG fährt die Begründung fort:

„Der Antragsgegner nötigt durch sein Angebot seine Konkurrenten, ihm auf dem von ihm eingeschlagenen Wege zu folgen. Dies würde zu einer dem Zweck und der Bedeutung geschäftlicher Werbung unangemessenen und übertriebenen Belastung der Wirtschaft führen, deren Nachteile nicht nur die Mitbewerber, sondern letzten Endes die Allgemeinheit zu tragen hätte. Denn auf sie muß ein Kaufmann schließlich die Kosten seiner Reklame in irgendeiner Form abwälzen, wenn er auf die Dauer bestehen will[24]."

(5) BGH vom 3. XII. 1954, BGHZ 15, 356 = GRUR 1955, 346 — „Progressive Kundenwerbung"

Auch der BGH bestätigt die reichsgerichtliche Regel, wonach unerwünschte volkswirtschaftliche oder sonst die Allgemeinheit betreffende Folgen einer Wettbewerbshandlung deren Unlauterkeit gemäß § 1 UWG begründen können. Gleichfalls führt er die Praxis fort, Werbemaßnahmen nicht isoliert, sondern unter Berücksichtigung des Nachahmungsanreizes für die Konkurrenten zu betrachten.

Schon das Reichsgericht[25] hatte die progressive Kundenwerbung (Schneeballsystem)[26] für unzulässig gehalten. Nach dem Kriege wurde diese Beurteilung durch das OLG Hamburg in Frage gestellt, das einen Verstoß gegen die guten Sitten „bei solider Geschäftsgebahrung" nicht erkennen konnte[27].

Die BGH-Entscheidung — die in der Sache zum selben Ergebnis kommt wie das RG — ist in vielfacher Hinsicht aufschlußreich.

Vorab verrät die Vielschichtigkeit — um nicht zu sagen: Wirrnis — der Begründung eine eigenartige Unsicherheit, die insofern allerdings nur die wettbewerbsrechtliche Großwetterlage widerspiegelt. Bemüht werden Argumente unterschiedlichster Herkunft und Wertigkeit, ohne daß recht deutlich würde, worauf es dem BGH letztendlich ankommt:

---

[24] S. 1682; vgl. auch die ganz ähnliche Begründung OLG Hamburg GRUR 1954, 588.
[25] RGZ 115, 319 (330).
[26] Die Bezeichnungen dieser Art Verkaufsförderung schwanken ebenso wie die konkrete Ausgestaltung im Einzelfall. Wesentlich ist, daß dem Kunden ermöglicht wird, sich durch Werbung weiterer Kunden ganz oder teilweise von seinen Zahlungspflichten zu befreien. Die neu geworbenen Kunden bekommen dieselbe Möglichkeit eingeräumt, usw.
[27] GRUR 1952, 42.

II. Die frühe Nachkriegsrechtsprechung: Konsolidierung

ständige Rechtsprechung, Anstandsformel, Leistungswettbewerb, Wahrheitsgrundsatz, Kundenschutz, Beunruhigung der Wirtschaft und der Allgemeinheit, Nachahmungsgefahr[28]. Darüber hinaus liege auch ein Verstoß gegen § 3 UWG (Irreführung) vor[29].

Im Vergleich zu den Urteilen des Reichsgerichts fällt auf, daß das Argumentationsschema: Belastung der Volkswirtschaft = Verletzung der durch das UWG geschützten Belange der Allgemeinheit bereits leicht modifiziert wird. Zwar werden die gesamtwirtschaftlichen Auswirkungen der progressiven Kundenwerbung noch auf die inzwischen bereits geläufige Art und Weise festgestellt und bewertet:

„Es würde ... zu einer untragbaren allgemeinen Beunruhigung des wirtschaftlichen und auch des privaten Lebens führen, wenn das System, wie im Falle seiner Anerkennung zu erwarten wäre, Schule machen sollte[30]."

„Daß das System für Deutschland volkswirtschaftlich unerwünscht ist und weder dem deutschen Kaufmann zusagt noch der Mentalität des überwiegenden Teiles der deutschen Bevölkerung entspricht, kann nach der Auffassung des erkennenden Senats nicht zweifelhaft sein[31]."

Neben dem Hinweis auf die Bedrohung der Privatsphäre[32] findet sich — angesichts der Vision eines Volkes von Quasi-Handelsvertretern — die „Entdeckung" eines neuen Schutzbereichs des Wettbewerbsrechts: nichtkommerzielle Öffentlichkeit.

„Der in dieser Weise erfolgende massenhafte Einsatz von Käufern als Werbern bedeutet an sich schon eine ungebührliche Inanspruchnahme der Öffentlichkeit für die Zwecke eines einzelnen geschäftlichen Unternehmens[33]."

Das Verdienst, diesen topos in die Konkretisierung des § 1 UWG eingebracht zu haben, kommt — soweit ersichtlich — dem OLG Freiburg zu, das in seinem (rechtskräftigen) Urteil zur progressiven Kundenwerbung von einer „ungebührlichen und unwürdigen Inanspruchnahme der Öffentlichkeit" gesprochen hatte[34].

In dieser Form ist der Gedanke später allerdings nicht wieder aufgetaucht. Der Sache nach besteht er in zwei Schutzzwecken fort, die sich inzwischen weitgehend konsolidiert haben: der Bewahrung des Publikums vor übermäßiger oder aufdringlicher kommerzieller Belästigung einerseits und der Abschirmung der Intimsphäre gegenüber

---

[28] Vgl. GRUR 1955, 347 - 350.
[29] S. 350.
[30] Vgl. dazu unten VI.
[31] GRUR 1951, 326 (328).
[32] S. 351.
[33] S. 351.
[34] GRUR 1951, 327 f.

jeglicher unerwünschter Inanspruchnahme durch geschäftliche Belange andererseits[35].

III. Marktbezogene Unlauterkeit

Zunächst soll der Verbreitung von Folgenerwägungen innerhalb jener Fallgruppe nachgegangen werden, für die sich die Bezeichnung „marktbezogene Unlauterkeit"[36] einzubürgern beginnt.

Sie hatte ihren Vorläufer in dem reichsgerichtlichen topos „Gefährdung der Volkswirtschaft". Während damit zwischen UWG und Wirtschaftsordnung erst ein sehr rudimentärer Zusammenhang hergestellt wurde, haben verschiedene Entwicklungen der letzten Zeit dazu geführt, den Bestand des Wettbewerbs nicht mehr länger als ausschließlich durch das Wettbewerbsbeschränkungsrecht garantiert zu sehen, sondern auch durch das Unlauterkeitsrecht.

Dafür waren maßgeblich einmal die Bemühungen um die Nutzbarmachung des institutionellen Rechtsdenkens im Unlauterkeitsrecht[37], zum anderen die Erkenntnis einer Konvergenz und gegenseitigen Ergänzung von UWG- und GWB-Recht[38].

Als Leitfall aus der Entstehungszeit der marktbezogenen Unlauterkeit und zugleich als Beispiel für die Implikation von Folgenerwägungen durch den Schutz von Marktprozessen durch § 1 UWG kann die Suwa-Entscheidung dienen. Zwar findet sich die anschauliche Bezeichnung „Marktverstopfung" für die fragliche Werbepraxis bereits im Urteil des BGH vom 9. XI. 1951[39], jedoch erwies sich die in dieser Entscheidung versuchte Einordnung des Problems in konkurrentenbezogene Unlauterkeitskategorien (ungerechtfertigter Vorsprung) nicht als zukunftweisend.

(6) BGH vom 22. II. 1957, BGHZ 23, 365 = GRUR 1957, 365 — „Suwa"

Die Beklagte warb für ihr Waschmittel in der Weise, daß sie an alle Haushaltungen einer Kleinstadt insgesamt 13 300 Gutscheine ver-

---

[35] s. dazu unten die Abschnitte IV und VI.
[36] Die Bezeichnung ist jüngeren Datums als die Sache selbst. Sie findet sich — soweit ersichtlich — erstmals bei *Burmann*, WRP 1967, 385.
[37] Vgl. vor allem *Raiser*, Summum ius summa iniuria S. 145 ff. und die vergleichbare Postulierung eines „Funktionsrechts" bei *Burmann*, WRP 1968, 258 ff. Auch *Steindorff*, JZ 1959, 199 bezeichnet die aus § 1 UWG entwickelten Regeln, die die Funktionsfähigkeit wirtschaftlicher Prozesse sichern sollen, als „Funktionsnormen".
[38] Vgl. *Raiser*, GRUR Int. 1973, 445; *Sack*, GRUR 1970, 499 f.; *Mestmäcker*, AcP 1968, 253 ff.; *Schluep*, GRUR Int. 1973, 446 ff.
[39] BGHZ 3, 339 = GRUR 1952, 193 — Rasierklingen.

III. Marktbezogene Unlauterkeit

schickte, die von den Einzelhändlern gegen je ein Doppelpaket Suwa (Endverkaufspreis: 0,85 DM) eingelöst wurden. Dies führte zur Verteilung von über 10 000 Packungen.

Auf eine Beurteilung dieser Aktion anhand der reichsgerichtlichen Kriterien Warenprobe/Verschenken von Waren verwendet der BGH nicht viel Mühe. In jedem Fall sei die „Übersteigerung" dieser Art Werbung wettbewerbswidrig[40].

„Gerade weil die Wettbewerbsordnung auf der Auffassung beruht, daß sich der Wettbewerb in lauterem und freiem Kräftespiel entwickeln soll, muß eine Werbemaßnahme als unzulässig gelten, die den *Bestand des Wettbewerbs aufhebt*, indem sie für eine geraume Zeit dem Mitbewerber schlechthin die Möglichkeit nimmt, überhaupt noch weiterhin an dem grundsätzlich allen offenstehenden Wettbewerb teilzunehmen[41]."

Dieser Gefahr würden aber „jedenfalls mittlere und kleinere Mitbewerber" ausgesetzt, freilich nicht allein durch die zeitweilige Bedarfsdeckung durch die einmalige Verteilung von 10 000 Suwa-Paketen:

„Vielmehr fällt ins Gewicht, daß die Zulassung derartiger Massenverteilungen zu einer Nachahmung seitens solcher Unternehmer führen muß, die die genügende Kapitalkraft besitzen, um gleiche oder womöglich noch schwerwiegendere Aktionen durchzuführen. ... Die Bekl. kann sich demgegenüber nicht mit Erfolg darauf berufen, daß eine solche Wirkung nicht notwendig einzutreten brauche, vielmehr die Reaktion der Mitbewerber auch dahin gehen könne, die Kosten einer solchen Werbung zu sparen und stattdessen beispielsweise die Preise zu senken. Denn es entspricht ... der Erfahrung, daß die von solchen wettbewerblichen Maßnahmen betroffenen Mitbewerber, soweit sie dazu nur irgendwie in der Lage sind, alle Mittel, insbesondere aber gerade die von ihren Konkurrenten angewendeten, einsetzen werden, um ihre Kunden nicht zu verlieren oder zurückzugewinnen. Daher ist auch der in der Diamantine-Entscheidung ... vom RG geäußerten Auffassung beizutreten, daß erfahrungsgemäß eine Gegenmaßnahme um so nachdrücklicher sein werde, je erfolgreicher der Konkurrent gewesen sei, und daß in solchen Fällen dem Mitbewerber nichts weiter übrig bleibe, als zu dem gleichen Mittel der Werbung oder womöglich zu noch wirksameren zu greifen. Wenn aber alle Waschmittelproduzenten, soweit sie die genügende Kapitalkraft haben, dazu übergehen würden, ihre Waren massenweise zu verschenken, so würde der Grundsatz des freien Wettbewerbs ... in seinem Kern berührt. ...

Die Werbung der Bekl. muß sich daher zwangsläufig dahin auswirken, daß der Absatz anderer Mitbewerber vermindert wird, ohne daß diesen auch nur die wettbewerbliche Chance verbleibt, sich auf dem Markt einen Ausgleich zu verschaffen. Das aber widerspricht den Grundsätzen des lauteren Wettbewerbs[42]."

Den Gedanken, er könne mit dieser Entscheidung Wirtschaftspolitik betreiben, weist der BGH weit von sich. Zwar würden Gerichtsent-

---
[40] GRUR 1957, 366 r. Sp.
[41] S. 367 l. Sp.
[42] GRUR 1957, 367.

scheidungen, die Werbemaßnahmen daraufhin überprüfen, „ob bei ihnen die im Wettbewerb wesenseigenen Wirkungen noch zur Geltung kommen, ... in ihren Folgen ebenfalls den Verlauf des Wirtschaftsgeschehens beinflussen.

Sie werden damit aber noch nicht zu „wirtschaftspolitischen" Entscheidungen, finden vielmehr ihre Grundlage in dem vom Recht verlangten Schutz der Mitbewerber gegen eine Behinderung ihrer wettbewerblichen Betätigung"[43-45].

Dieser Fall ist geeignet, nicht nur die konkrete Vorgehensweise bei der Folgenerwägung zu problematisieren, sondern ihre Berechtigung und Zweckmäßigkeit grundsätzlich in Frage zu stellen.

Halten wir zweierlei fest: 1. Die Prognosen über die mutmaßlichen Auswirkungen der Werbung der Beklagten auf das Verhalten ihrer Konkurrenz divergieren. Während das Gericht von einer quasi gesetzmäßigen Nachahmung und Eskalation von Marktverstopfungen ausgeht, argumentiert die Beklagte mit möglichen anderen Wettbewerbsformen, die durch ihre Werbung aktiviert werden könnten, etwa der Preiskonkurrenz. 2. Zum wiederholten Male werden Unternehmen als Schutzobjekte des § 1 UWG ausgegeben, die man schlagwortartig als „mittelständisch" bezeichnen könnte. Dabei ist neu, daß diese Unternehmen nicht als solche geschützt werden sollen, sondern als Garanten einer möglichst vielfältigen Angebotsstruktur auf dem Waschmittelmarkt. Diese Zwecksetzung, die der Folgenerwägung vorausgeht (Folgen *wofür*?), wird nicht begründet und bleibt folglich selbst dann willkürlich, wenn man sie billigt. Immerhin ist sie aber substantiierter als der pauschale Verweis auf die Belange der Volkswirtschaft und ermöglicht dadurch Widerspruch.

Dieser ist einmal gegen die Verfolgung eindeutig (trotz aller Lippenbekenntnisse[46]) wirtschaftspolitischer Zielsetzungen überhaupt erhoben worden[47], könnte sich aber — bei grundsätzlicher Zustimmung sowohl zur „Wirtschaftspolitik mit § 1 UWG" als auch zur damit implizierten Folgenberücksichtigung — auch auf die Zweckmäßigkeit dieser Zielsetzungen erstrecken. Am Beispiel der Suwa-Entscheidung wäre dann etwa zu fragen, welche Marktform für Waschmittel erstrebenswert ist (Polypol, enges oder weites Oligopol, etc.), ob und wie Gerichte wirtschaftswissenschaftliche Erkenntnisse und Theorien zur Ausfüllung ihres Entscheidungsspielraums heranziehen können, usw.

[43-45] S. 368.

[46] Dies hat selbst der spätere Ib-Senat in der Kleenex-Entscheidung zugestanden, vgl. unten Fall (10).

[47] Vgl. etwa *Rinck*, Göttinger Festschrift für das OLG Celle, S. 164; *Burmann*, WRP 1967, 385; *v. Harder*, GRUR 1962, 439.

III. Marktbezogene Unlauterkeit

Diese kritischen Punkte werden hier nur als Merkposten aufgeführt und später wieder aufgegriffen[48].

(7) BGH vom 27. VI. 1958, GRUR 1958, 557 — „Direktverkäufe"

Die Beklagte hatte in ihrem Großhandelsgeschäft Waren in kleinsten Mengen an Endverbraucher zum Großhandelspreis zuzüglich eines Zuschlags von 4 % für die Umsatzsteuer direkt abgegeben. Die Klägerin sah hierin einen Verstoß gegen § 1 UWG, nicht hingegen der BGH. Die Voraussetzungen der marktbezogenen Unlauterkeit scheinen zwar gegenüber der Suwa-Entscheidung etwas verschärft zu werden, die sozialrechtliche Komponente des UWG und das Verfahren der Folgenerwägung werden hingegen im Grundsatz bestätigt[49]:

„Selbst wenn man solche Verkäufe für unerwünschte, volkswirtschaftlich und sozialpolitisch bedenkliche Erscheinungen des Wirtschaftskampfes halten will, rechtfertigt dies ihre Beurteilung als unlautere Wettbewerbsmaßnahmen ... nicht. Eine Wettbewerbshandlung ist ... nicht schon deshalb vom Standpunkt der Lauterkeit des Wettbewerbs aus zu mißbilligen, weil sie den Mitbewerbern unerwünscht und geeignet ist, ihnen erhebliche Benachteiligungen und Schäden zuzufügen. Auch volkswirtschaftliche und soziale Bedenken gegen bestimmte Wettbewerbshandlungen sind für sich allein kein Grund, solche Maßnahmen für sittenwidrig zu halten. Derartige Gesichtspunkte könnten bei der Prüfung, ob eine Maßnahme wettbewerbswidrig ... ist, möglicherweise dann eine Rolle spielen, wenn sich die Frage stellen würde, ob die Wettbewerbsmaßnahmen geeignet sind, die Grundlagen der bestehenden Wirtschafts- und Wettbewerbsordnung anzutasten; denn in solchem Falle könnten sich die Maßnahmen als unzulässige Eingriffe in das Wettbewerbsleben darstellen (vgl. BGHZ 23, 365, 271 — Suwa)."

(8) BGH vom 16. IV. 1957, GRUR 1957, 600 — „Westfalenblatt"

Die Klage richtete sich in diesem Falle gegen die Verteilung von Gutscheinen für einen einmonatigen, kostenlosen Bezug einer Tageszeitung an Ehepaare, die kürzlich geheiratet hatten.

Ausschlaggebend sind für den Senat seine in den Sunil- und Suwa-Entscheidungen aufgestellten Grundsätze. Eine Aufhebung des Bestandes des Wettbewerbs sei angesichts des engumrissenen Kreises der Beschenkten nicht zu befürchten. Die Berücksichtigung anderer, weniger gravierender Folgen wird abgelehnt:

„Es mag zutreffen, daß die Mitbewerber der Bekl. genötigt sein werden, ihrerseits sich in gleicher oder ähnlicher Weise um die Neuvermählten zu bemühen, und daß sie, wenn sie sich dazu nicht entschließen können, der Bekl. gegenüber wettbewerblich im Nachteil sind. Das sind aber Folge-

---

[48] Das Urteil vom 22. II. 1957, BGH GRUR 1957, 363 — Sunil steht in einem so engen zeitlichen und sachlichen Zusammenhang mit der Suwa-Entscheidung, daß es hier nicht gesondert aufgeführt wird.
[49] GRUR 1958, 559. Zu „Direktverkäufen" vgl. weiterhin LG Köln, WuW 1956, 607; OLG Hamm BB 1957, 348.

erscheinungen, die keine allgemeine Behinderung jeden Wettbewerbs bedeuten und es daher nicht rechtfertigen können, die angegriffene Werbemaßnahme der Bekl. als unzulässig zu bezeichnen[50]."

(9) OLG Hamburg vom 31. I. 1963 — „Kleenex", in: BB 1963, 623

Nachdem der BGH in den Urteilen „Direktverkauf" und „Westfalenblatt" die jeweiligen Klagen abgewiesen und an den „Suwa"-Regeln leichte Abstriche gemacht hatte, versuchte das OLG Hamburg, mit dieser Entscheidung das Ruder vollends herumzureißen, indem es die dogmatischen und methodischen Grundlagen der Suwa-Entscheidung nicht nur grundsätzlich in Frage stellte, sondern ausdrücklich ablehnte. Die pointierten Formulierungen lassen vermuten, daß das OLG den seit neuestem zuständigen Ib-Senat des Bundesgerichtshofs zu einer Revision der wirtschaftspolitisch begründeten Rechtsprechung des früheren I. Senats bewegen wollte:

„Die ... Gefahr der Nachahmung der Werbemethode ist für die Frage eines Verstoßes gegen die guten Sitten unbeachtlich. Es wird insoweit das Argument vertreten, mittlere und kleinere Wettbewerber könnten sich eine solche Art der Werbung nicht erlauben und müßten im Verhältnis zu ihren größeren Konkurrenten zwangsläufig weiter an Boden verlieren. ... Unser Grundgesetz ist wirtschaftspolitisch neutral ... und verlangt nicht, daß kleine gegen größere Unternehmen geschützt werden ... Wenn auch manche Gesetze und Verordnungen mittelstandsfördernd sind, so gibt es andere, die wiederum den Großbetrieb begünstigen (Schachtelprivileg, Umsatzsteuer). Es ist folglich nicht die Aufgabe der Gerichte, mittels entsprechender Auslegung des Begriffs gute Sitten den Mittelstand vor übersteigerter Reklame der großen Unternehmen zu schützen ...

Auch andere Fragen wirtschaftlicher Art sind grundsätzlich nicht zu berücksichtigen ... Zu entscheiden, ob es wirtschaftlich richtig ist, für Werbung sehr viel aufzuwenden, ist weder die Aufgabe der Gerichte, noch sind diese aus eigener Kenntnis hierzu in der Lage. Ob es weiter richtig und zweckmäßig ist, den vorhandenen Werbeetat gerade mit Zeitungsanzeigen, Fernsehsendungen, Briefwurfsendungen, Werbegaben oder wie sonst immer zu belasten, wissen die Gerichte ebenfalls nicht ...

Fragen des Schutzes des Verbrauchers überhaupt aus volkswirtschaftlichen Gründen und insbesondere vor übersteigerter aufwendiger Reklame sind für die Bewertung eines Handelns als sittenwidrig unbeachtlich. Dem Käufer kann es gleich sein, ob sein Lieferant gute, schlechte, billige oder teure Reklame betreibt und wieviel Geld der Unternehmer insgesamt dafür aufwendet, d. h. mit wieviel Reklamekosten die Ware schließlich belastet ist. Der Preis, den der Kunde zu zahlen bereit ist, ist insoweit der gültige Regulator[51]."

Zum Teil schießt das OLG Hamburg in seinem Bemühen, vermeintlich überschrittene Grenzen richterlicher Kompetenz neu zu ziehen, über das Ziel hinaus. Ein gesamtwirtschaftlicher Verbraucherschutz war für

---
[50] S. 601.
[51] S. 624.

die Suwa-Entscheidung ebensowenig ein tragendes Motiv gewesen wie betriebswirtschaftliche Bevormundung der Unternehmen (letzteres im Gegensatz zur reichsgerichtlichen Praxis nach 1933).

Die beiden anderen kritischen Punkte jedoch (Mittelstandsschutz und Berücksichtigung der Nachahmungsgefahr) können für die Suwa-Entscheidung als grundlegend gelten und man durfte entsprechend gespannt sein, wie der BGH auf die Revision der Klägerin hin entscheiden würde.

(10) BGH vom 26. II. 1965, BGHZ 43, 278 = GRUR 1965, 489 — „Kleenex"

Die nähere Ausgestaltung der Regeln über die massenhafte Gratisverteilung von Originalware, die in diesem Urteil vorgenommen wurde, soll uns auch hier nicht näher beschäftigen. Für unser Thema ergiebig sind hingegen diejenigen Abschnitte der Begründung, in denen sich das Gericht zu methodischen Fragen und zum Schutzzweck des UWG äußert.

Das Berufungsurteil wird vom BGH zum Anlaß genommen, einige unhaltbar gewordenen Positionen aufzugeben. Der Mittelstandsschutz wird als wirtschaftspolitische Erwägung eingestuft und als solche für unerheblich erklärt. Insoweit schränkt das Urteil den Schutzbereich des § 1 UWG ein. Die Berücksichtigung der Nachahmungsgefahr als einer Erwägung von beeinträchtigenden Folgen für (andere) Rechtsgüter wird hingegen aufrechterhalten und neu begründet.

Nach einer Auseinandersetzung mit der im Schrifttum an der Suwa-Entscheidung geäußerten Kritik fährt der Senat fort:

„Zu Recht stellt die bisherige Rechtsprechung ... auf die wettbewerbliche Lage ab, die sich bei einer zu erwartenden allgemeinen Anwendung des strittigen Werbemittels durch Mitbewerber ergeben würde. Das ergibt sich zunächst aus dem Wesen des über ein Unterlassungsbegehren entscheidenden Urteils. Denn einmal muß das in die Zukunft wirkende Urteil von ihm selbst ausgehende Wirkung — hier die etwaige Zulassung der Wettbewerbsmaßnahme — im Rahmen der zu Gebote stehenden Beurteilungsgrundlagen mitberücksichtigen. Hiervon abgesehen ist aber vor allem zu berücksichtigen, daß gleiches Recht für alle Mitbewerber gelten muß; deshalb kann nicht ein und dieselbe Art von Werbung dem sie zuerst aufgreifenden Wettbewerber — unter Hintanstellung der Frage nach ihren Auswirkungen bei allgemeiner Befolgung — gestattet, den später zu ihr übergehenden Mitbewerbern aber wegen der dann festzustellenden Folgen untersagt werden. Sofern nicht die notwendigen Beurteilungsgrundlagen überhaupt fehlen und aus diesem Grunde eine Berücksichtigung der künftigen Entwicklung entfallen muß, ist deshalb auf Grund der bei der Entscheidung zu überblickenden Sachlage zu prüfen, ob die ernstliche Gefahr besteht, daß die Werbemaßnahme im Fall ihrer Zulassung auch von anderen Mitbewerbern durchgeführt und dann zu einer gemeinschaftsschädigenden Störung des Wettbewerbs führen würde[52]."

---

[52] GRUR 1965, 491 l. Sp.

Mit dieser auf den topos der Gleichbehandlung gestützten Begründung rechtfertigt der BGH erstmals eingehend die langjährige Praxis der Berücksichtigung der Nachahmungsgefahr bei Wettbewerbsmaßnahmen, die per se noch nicht zu einer Gefährdung der Marktfunktionen, des Gemeinschaftsfriedens etc. führen. Dieses „Operieren mit hypothetischen Zusatztatbeständen"[53] war im Schrifttum vielfach auf Ablehnung gestoßen, wobei vor allem geltend gemacht wurde, sittengemäße Handlungen könnten durch eine bloße Summierung nicht sittenwidrig werden[54]. Bei dieser Kritik wurde jedoch übersehen, daß Wissenschaft und Rechtsprechung das Unlauterkeitsurteil schon lange nicht mehr ausschließlich an moralisch-verwerfliche Handlungen knüpften, sondern ebensosehr an sittlich indifferente Verstöße gegen die gute Ordnung, den „ordre public", wichtige Gemeinschaftsbelange, kurz: den weiten Bereich der sozialrechtlichen Unlauterkeit. In diesem spielen jedoch quantitative Überlegungen eine grundlegende, selten hinwegzudenkende Rolle, da einzelne Wettbewerbsmaßnahmen sehr selten ein Problembewußtsein hervorrufen, das die Reizschwelle der Gerichte oder gar des Gesetzgebers tangieren könnte, wenn man sie isoliert betrachtete.

Der BGH ergänzt seine Ausführungen zur marktbezogenen Unlauterkeit durch zwei „individualrechtliche"[55] Argumente: die beschenkten Verbraucher könnten sich an das Produkt gewöhnen[56] und die Mitbewerber würden behindert[57]. Diese Mehrgleisigkeit der Begründung eines Wettbewerbsverstoßes kann als charakteristisch gelten, denn weder der Schutz des einzelnen Marktbeteiligten noch eine am Gemeinwohl orientierte Regelhaftigkeit des Konkurrenzkampfes decken allein den Schutzbereich des § 1 UWG ab[58].

(11) BGH vom 22. XII. 1961, GRUR 1962, 415 — „Glockenpackung I"

Die Beklagte brachte Teepackungen verschiedener Größe zusammen mit jeweils einer japanischen Teetasse (mit Untertasse) auf den Markt. Neben dem Endverkaufspreis dieser sog. „Glockenpackung" gab sie die Einzelpreise der Tasse und des Tees an.

---

[53] *Burmann*, WRP 1967, 385.
[54] *Döll*, BB 1965, 174; vgl. ferner *v. Harder*, GRUR 1962, 493. Weniger grundsätzliche als pragmatische Kritik bei *Lehmpfuhl* in der Anm. zum Kleenex-Urteil des BGH in GRUR 1965, 493 (494): Für eine Vorhersage der tatsächlichen Reaktion der Konkurrenz dürfte „jeder auch nur einigermaßen zuverlässige Anhalt" fehlen.
[55] Hier durchgängig verstanden als konkurrenten- oder abnehmerbezogen.
[56] Zu diesem Aspekt des Kleenex-Urteils vgl. *Thiedig*, Suggestivwerbung und Verbraucherschutz, S. 96 ff.
[57] GRUR 1965, 491 r. Sp.
[58] s. o. Einleitung II.

III. Marktbezogene Unlauterkeit

Was die Beurteilung dieses Vorgehens nach § 1 UWG anbelangte, so befand es das Berufungsgericht (OLG Düsseldorf) für wettbewerbswidrig, wobei es von dem Grundsatz ausging, daß „Maßnahmen, deren Nachahmung durch andere Mitbewerber auf die Dauer zu einer untragbaren Belastung der Beteiligten oder zu einer ungesunden Marktsituation führen würde, mit den guten Sitten nicht mehr in Einklang stehen"[59]. Zwar sei die offene Koppelung kaufmännisch kalkulierter Waren auch dann nicht zu beanstanden, wenn die Waren aus verschiedenen Branchen stammten. Jedoch werde die Sammelleidenschaft der Kunden ausgebeutet, die durch die Koppelung verführt werden könnten, die „Glockenpackung" nicht wegen der Güte des Tees zu erstehen, sondern um ein einmal angefangenes japanisches Service zu vervollständigen.

Als Ergänzung zu dieser individualrechtlichen Begründung stellt das Berufungsgericht in sozialrechtlicher Hinsicht eine typische Folgenerwägung an: „Zugleich sei in diesem Sonderfall ein stärkerer Anreiz auf die Mitbewerber zur Nachahmung zu befürchten, da der Zwang zu Wiederholungskäufen zwecks Vervollständigung des Service die Absatzchancen des übrigen Teehandels empfindlich beeinträchtige. Wenn aber diese Praxis um sich greife, müsse das auf die Dauer zu einer unfreundlichen Belastung des Teehandels führen[60]."

Der BGH lehnt beide Teile dieser Begründung ab, wobei er auf die Widerlegung der Ausnutzung der Sammelleidenschaft (es handele sich um „Gebrauchs-", nicht um „Sammeltassen") mehr Mühe verwendet als auf die Ablehnung der wettbewerbsrechtlichen Relevanz der, wie das Berufungsgericht meinte, „unerfreulichen Belastung des Teehandels". Zu diesem Punkt heißt es lediglich:

„Wird, wie der Fall hier liegt, mit einer neuartigen Werbemaßnahme nur ein an sich normales Bedürfnis angeregt und befriedigt, so kann darin weder schon an sich etwas unlauteres gefunden noch kann es als eine ernsthafte Gefahr betrachtet werden, daß die Nachahmung des Beispiels der Bekl. durch andere, wie die Kl. meint, zu einer Verwilderung im Teehandel führen würde[61]."

Wohlgemerkt: Nicht die Folgenprognose des Berufungsgerichts wird in Frage gestellt oder gar die wettbewerbsrechtliche Erheblichkeit sozialer Folgen überhaupt. Der Senat vermochte nur nicht einzusehen, welche wettbewerbsrechtlichen Schutzgüter durch eine Nachahmung der Verkaufspraxis der Beklagten gefährdet oder beeinträchtigt werden könnten. Nach der verhältnismäßig detaillierten Regelbildung im Kleenex-

---

[59] Zit. BGH GRUR 1961, 417 l. Sp.
[60] BGH GRUR 1962, 417 l. Sp.
[61] Ebda.

5*

Fall hätte die Übernahme der oberflächlichen Argumentation des Berufungsgerichts wohl einen Rückfall in die Kurzatmigkeit reichsgerichtlicher Wirtschaftsphilosophie bedeutet.

(12) OLG Koblenz vom 17. II. 1967, WRP 1967, 284 — „Goldener Oktober"

Zu Beginn der sechziger Jahre stieg der Weinkonsum in der Bundesrepublik im Vergleich zu anderen Genußmitteln unterproportional, während gleichzeitig die Produktion stark gesteigert wurde. Um neue Käuferkreise zu erschließen verteilte die Beklagte — eine Markenweinherstellerin[62] — im Februar 1965 4,5 Millionen Gutscheine für den kostenlosen Bezug von je einem Viertelliter ihres Produkts. Die Aktion fand schwerpunktmäßig im nord- und westdeutschen Raum statt, dessen Bevölkerung erfahrungsgemäß eher anderen Alkoholika zugeneigt ist.

Die Klägerin — auch sie bringt einen Markenwein in den Verkehr — hielt diese Verteilung unter dem Gesichtspunkt der Marktverstopfung für unzulässig, während die Beklagte keine Bedenken hatte. Beide berufen sich für ihre Auffassung auf die Kleenex-Entscheidung des BGH.

Das OLG Koblenz gab der Klägerin recht, wobei es sich zur Begründung der Unlauterkeit auf vier Argumente stützte, die jedoch in einer etwas ungeordneten Häufung vorgebracht wurden: die Handlungsweise der Beklagten sei mit dem Prinzip des Leistungswettbewerbs unvereinbar; sie verstoße allein wegen des Umfangs der Aktion gegen die guten Sitten, ohne daß es darauf ankomme, ob sie tatsächlich zu einer Aufhebung des Bestands des Wettbewerbs geführt hätte; sie bedeute eine erhebliche Behinderung der Mitbewerber und des Einzelhandels; schließlich begründe sie die Gefahr einer allgemeinen Nachahmung durch die Konkurrenten[63].

Soweit Folgenerwägungen angestellt werden, betreffen sie weniger das Funktionieren des Marktes als solchen[64], vielmehr werden die erwarteten Folgen an dem Leitbild des Leistungswettbewerbs gemessen und als wettbewerbswidrig beurteilt:

„Eine schon einmalige, aber erst recht eine mehrmalige Wiederholung einer Aktion, wie sie die Beklagte durchgeführt hat, würde unerträgliche

---
[62] Markenwein wird ohne Angabe von Jahrgang oder Lage in gleichbleibender Qualität und Ausstattung unter Phantasienamen verkauft. In der BRD ist er bereits seit den fünfziger Jahren erhältlich.
[63] Vgl. im einzelnen die Abschnitte 1 - 4 der Urteilsgründe.
[64] Wäre der Fall mit den Grundsätzen der Marktverstopfung gelöst worden, hätte die Klage abgewiesen werden müssen, vgl. die Entscheidung des BGH in derselben Sache unten (13).

Verhältnisse schaffen und zu einer Lage führen, die mit dem Prinzip des Leistungswettbewerbs nichts mehr gemeinsam hat. ...

Es kann davon ausgegangen werden, daß der vorliegende Rechtsstreit in interessierten Kreisen bekannt geworden ist. Für diese Annahme sprechen allein die mehreren Anfragen an das Landgericht nach Erlaß der einstweiligen Verfügung. Verständlich ist es, daß sich Konkurrenten vorerst vor einer Nachahmung der Methode der Beklagten scheuen, zumal das Landgericht die beantragte einstweilige Verfügung erlassen und der Klage im ersten Rechtszug stattgegeben hat. Eine andere Situation ergibt sich, wenn dieser Prozeß endgültig zugunsten der Beklagten entschieden wäre. Kein Mitbewerber brauchte sich dann mehr Schranken aufzuerlegen und hätte auch weder Schadensersatzansprüche noch ein Prozeßkostenrisiko zu fürchten[65]."

Welcher Art die wettbewerbliche Situation im einzelnen sein könnte, die das OLG mit einer Abweisung der Klage heraufbeschworen sieht, bleibt im Dunkeln. Der Verweis auf die Gefährdung des Leistungswettbewerbs[66] überzeugt nicht: Wenn ein Hersteller es dem Endabnehmer ermöglicht, sich kosten- und risikolos von der Qualität der angebotenen Ware ein Bild zu machen, so kann ein solches Angebot kaum anders denn als Leistung bezeichnet werden. Daß darin zugleich eine Behinderung der Mitbewerber liegen kann, wenn die Aktion entsprechende Ausmaße annimmt, soll damit nicht bestritten werden. Nur sind solche Friktionen die Folge der Pluralität von Schutzzwecken im UWG[67], und sie lassen sich nicht durch die Ausblendung einzelner Zielsetzungen (hier: Wahrung der Verbraucherbelange) aus der Welt schaffen. Daß auch die Unterscheidung von Leistungs- und Behinderungswettbewerb hier nicht weiterführt, liegt nach dem Gesagten auf der Hand: was sich für die Verbraucher als Leistung darstellt, behindert möglicherweise die Konkurrenten. Daran zeigt sich die begrenzte Tragweite wettbewerbsrechtlicher Prinzipien und die Notwendigkeit, in solchen und

---

[65] WRP 1967, 288.

[66] Zur Entstehung und Tragweite dieses Grundsatzes vgl. *Lobe,* Die Bekämpfung des unlauteren Wettbewerbs Bd. I, S. 56; *Nipperdey,* Wettbewerb und Existenzvernichtung, pass.; *Böhm,* Wettbewerb und Monopolkampf, S. 197 ff. Mit Recht kritisch zu seiner Tauglichkeit *Ott,* Festschrift für Raiser, S. 408.
Das schwerwiegende Manko dieses Prinzips liegt in seiner Unbestimmtheit. Präzisierungsversuche helfen da kaum weiter. Wenn z. B. der BGH meint, eine Wettbewerbshandlung verstoße dann gegen das Prinzip des Leistungswettbewerbs, wenn nicht mit der Qualität und Preiswürdigkeit der Ware geworben werde (BGHZ 15, 365 = GRUR 1955, 346 (348) — „Progressive Kundenwerbung"; BGHZ 34, 264 (270) — „Einpfennig-Süßwaren"), dann wären schon alle jene Werbungen wettbewerbswidrig, die in erster Linie einen „Zusatznutzen" verkaufen wollen, also Liebe mit Gold oder Blumen, Männerfreiheit mit Rasierwasser, Sozialprestige mit Whisky, usw. Dieser Ansicht kann man mit guten Gründen sein; der BGH hat mit dieser seiner Regel bis jetzt allerdings nicht ernst gemacht.

[67] Vgl. Einleitung II.

ähnlichen Fällen von Schutzzweckkollisionen eine „praktische Konkordanz" von Allgemeinheits-, Verbraucher- und Konkurrenteninteressen herzustellen[68].

(13) BGH vom 22. I. 1969, GRUR 1969, 295 — „Goldener Oktober"

Auf die Revision der Beklagten hin wiederholt der Senat im wesentlichen die im Kleenex-Urteil für relevant erklärten Kriterien, die bezüglich der Marktverstopfung eine Folgenaufklärung und -prognose voraussetzen, die das OLG Koblenz — von seinem Standpunkt aus folgerichtig — nicht vorgenommen hatte. Vor allem komme es darauf an, daß die dem einzelnen zur Verfügung gestellte Warenmenge nicht das zur Erprobung ausreichende Maß überschreite:

„Dem Berufungsgericht kann bei dieser Sachlage nicht darin gefolgt werden, die angegriffene Maßnahme sei schon *allein* wegen ihres *Ausmaßes* zu beanstanden. Darüber, ob das Verschenken von Waren als wettbewerbswidrig anzusehen ist, entscheidet vor allem, ob dadurch mindestens für einen begrenzten Zeitraum der Bedarf der Beschenkten gedeckt wird und ob die unentgeltliche Verteilung nach Art der Ware, Umfang und Dauer der Bedarfsdeckung die Gefahr mit sich bringt, daß der Kunde auch nach Beendigung der Verteilung davon absieht, die Angebote der Mitbewerber unbeeinflußt zu prüfen. Diese Gefahr ist um so erheblicher, je größer die dem *einzelnen* Beschenkten zur Verfügung gestellte Menge oder Stückzahl ist (BGHZ 43, 284 — Kleenex). Die Ausführungen des Berufungsgerichts ergeben, daß es hierauf und besonders auf den zuletzt genannten Gesichtspunkt nicht abgestellt hat[69]."

Entscheidend soll folglich nach wie vor sein, ob die Marktfunktionen so erheblich gestört werden, daß dem Mitbewerber jede Chance genommen wird, überhaupt in den Wettbewerb einzutreten. Wegen insofern unzureichender Sachverhaltsaufklärung wird die Sache an das OLG zurückverwiesen.

Wie schon das OLG Koblenz (vgl. Leitsatz 2 in WRP 67, 284) läßt auch der BGH seinen Ausführungen ein Bekenntnis zur wirtschaftspolitischen Abstinenz folgen:

„Dabei handelt es sich nicht um eine unzulässige Einbeziehung wirtschaftspolitischer Gesichtspunkte in die wettbewerbsrechtliche Beurteilung, sondern um die Grundlage für die Feststellung, ob die angegriffene Werbemaßnahme die Gefahr einer unzulässigen Behinderung der Mitbewerber durch Marktsättigung mit sich bringt. ... Mit dem Hereindrängen kapitalkräftiger Unternehmen in die Weinbranche mag mit neuen Werbemaßnahmen zu rechnen sein, die weit höhere Aufwendungen als bisher gewohnt erforderlich machen; dies aus wirtschaftspolitischen Gründen aufzuhalten, ist jedoch nicht die Aufgabe der Rechtsprechung[70]."

---

[68] Zum ganzen vgl. *Baumbach / Hefermehl*, Einl. UWG Anm. 39.
[69] S. 297 l. Sp.
[70] GRUR 1969, 298.

(14) BGH vom 26. II. 1965, GRUR 1965, 542 — „Omo"

Die beklagte Detergentienherstellerin bediente sich eines neuartigen Verfahrens zur Einführung ihres Waschmittels „Omo". Neben den handelsüblichen Mengen („Doppel-" und „Riesenpaket") brachte sie im Einführungszeitraum ein sog. „Einführungspaket" zu einem außerordentlich günstigen Endverkaufspreis (—,50 DM für das 200 g-Paket) auf den Markt. Diese Einführungspakete, für deren Endabnahme durch eine massive Verbraucherwerbung gesorgt wurde, konnten vom Großhandel nur in gleicher Menge wie die handelsüblichen Pakete abgenommen werden. Die Großhändler ihrerseits wurden angehalten, diese Koppelung auch gegenüber den Einzelhändlern durchzuführen, während die Endverbraucher Normal- und Einführungspakete getrennt erwerben konnten. Die Gewinnspanne der Einzelhändler betrug bei den Einführungspaketen nur 0,10 DM und damit weniger als bei den Normalpackungen. Die Klägerin beanstandete die Abnahmekoppelung.

Von den umfangreichen Ausführungen des BGH interessieren in unserem Zusammenhang nur folgende: Im Gegensatz zum massenhaften Verschenken von Originalware seien im vorliegenden Fall mehrere selbständige Kaufentschlüsse (der Großhändler, Einzelhändler, Endverbraucher) erforderlich, bevor die Bedarfsdeckung beim Konsumenten möglich werde. Die Koppelung des Bezuges der Einführungspakete an den der Normalpakete wirke sich zusätzlich dämpfend auf die Bestellungen des Handels aus:

„Die Methode, welche die Kl. angreift, nämlich die Koppelung von Einführungs- und Normalware, hat daher nicht die — auch vom Standpunkt der Allgemeinheit zu mißbilligende — Störung der Wirtschaftsordnung zur Folge, die das massenhafte Verschenken von Waschmittelpaketen unlauter erscheinen läßt; sie trägt im Gegenteil eher dazu bei, eine solche Störung zu vermeiden[71]."

Das Kriterium „Nachahmungsgefahr" wird vom BGH grundsätzlich als relevant bestätigt. Die Koppelung würde

„den Bestand des Wettbewerbs auf dem Waschmittelmarkt auch dann nicht gefährden, wenn sie von anderen Waschmittelherstellern nachgeahmt würde. Das BerG. hat dazu ausgeführt, bei Anwendung der gleichen Methode auch durch andere Hersteller werde der Handel erst recht Zurückhaltung zeigen und von den verschiedenen Erzeugnissen nur soviel beziehen, wie er auf Grund der zu erwartenden Nachfrage glaube, auf Lager nehmen zu können[72]."

Zugleich wird aber die Nachahmungs- gegen die (unbeachtliche) Eskalierungsgefahr abgegrenzt:

---

[71] GRUR 1965, 544.
[72] S. 545 l. Sp.

„Die Revision kann auch nicht mit dem Einwand durchdringen, die Methode der Bekl. könne bei kapitalstarken Wettbewerbern möglicherweise die Neigung zu noch schwerwiegenderen und wirksameren Werbemaßnahmen hervorrufen, durch die dann eine untragbare Markt- und Wettbewerbslage geschaffen werde. Wenn zu beurteilen ist, ob eine Wettbewerbsmaßnahme deshalb gegen § 1 UWG verstößt, weil ihre allgemeine Nachahmung eine Gefahr für den Bestand des Wettbewerbs auf dem betreffenden Warengebiet ... heraufbeschwören würde, so muß hierbei von dem Fall ausgegangen werden, daß gerade diejenige Maßnahme nachgeahmt wird, deren wettbewerbsrechtliche Beurteilung in Rede steht. Ist von der Nachahmung dieser Maßnahme keine Störung ... zu erwarten, so kann die Maßnahme nicht gleichwohl mit der Begründung untersagt werden, sie werde von den Wettbewerbern vielleicht mit noch schwerwiegenderen oder noch wirksameren Werbemethoden beantwortet werden, die ihrerseits den freien Wettbewerb zum Erliegen brächten. Der Angriff würde sich vielmehr dann gegen die Werbemethoden der Mitbewerber, nicht aber gegen die wettbewerbsrechtlich bedenkenfreie Werbemaßnahme zu richten haben, welche diese Methoden möglicherweise ausgelöst hat[73]."

(15) OLG Düsseldorf vom 9. III. 1973, WRP 1973, 223 — „Anzapfen"

Kurz vor der Eröffnung eines großen „Verbrauchermarktes" versandte die Beklagte ein Schreiben an 40 Wein- und Spirituosenhersteller, in dem sie auf die beabsichtigte Errichtung eines dekorativen Wein- und Spirituosenregals in ihrem Geschäft hinwies. Weiter hieß es: „Da wir auch ihre Produkte hier verkaufen wollen, erlauben wir uns die Anfrage, ob Sie sich an den Kosten des Regals mit einem Betrag von 250,— DM beteiligen wollen[74]."

Die Klage eines Verbandes von Markenartikelherstellern gegen diese Form des „Anzapfens" stützte sich auf § 3 UWG und die Zugabeverordnung. Das LG wies die Klage ab, das OLG Düsseldorf gab ihr nach § 1 UWG statt. Dabei stützt es sich in seiner Begründung auf insgesamt fünf Unterlauterkeitstopoi, von denen zwei unter dem Gesichtspunkt der Folgenerwägung ergiebig sind (Punkte 4 und 5):

Im einzelnen sieht das Gericht in dem Schreiben der Beklagten Wettbewerbsverstöße zu Lasten

1. der Marktgegenseite (hier einmal nicht der Konsumenten, sondern der Lieferanten), indem diese durch die unausgesprochene Drohung, ihre Ware im Falle der Nichtbeteiligung an den Regalkosten nicht in das Sortiment aufzunehmen, erpreßt werde[75];

---

[73] Ebda.
[74] Es handelt sich hier offenbar um keinen Einzelfall, vgl. die Bemerkung eines Rechtsanwalts: „Derjenige, der in der Tagespraxis steht, weiß ohnehin, wie weit derartige Unsitten schon gediehen sind." (Gaedertz, WRP 1973, 250).
[75] WRP 1973, 224 l. Sp.

III. Marktbezogene Unlauterkeit

2. des Prinzips des Leistungswettbewerbs, da dieser mit derartiger Ausübung von Druck nicht vereinbar sei[76];

3. der Konkurrenten[77].

Auch die Funktionen des Wettbewerbs als solchen seien betroffen:

4. Einmal durch die zu erwartende Nachahmung:

„Denn dadurch [d. h. derartige „Bettelbriefe", d. Verf.] werden die Mitbewerber veranlaßt, um ihren Nachteil auszugleichen, in ähnlicher Weise von ihren Lieferanten ‚Handgelder', ‚Sortimentsführungsprovisionen', ‚Automatisierungskostenbeteiligungen' oder unter allen möglichen anderen Gesichtspunkten irgendwelche Zahlungen zu ‚erbitten', z. B. auch zum Ausgleich unvorhergesehener Verluste oder irgendwelcher außerordentlicher Schäden. ... Es handelt sich um eine Wettbewerbsmaßnahme, die den Keim zu einem immer weiteren Umsichgreifen in sich trägt und damit zu einer Verwilderung der allgemeinen Wettbewerbssitten führt[78]."

5. Des weiteren sei die fragliche Wettbewerbspraxis konzentrationsfördernd:

„Bei allen Erwägungen kommt erschwerend hinzu, daß sowohl auf der Seite des eine ‚Beihilfe' Fordernden wie auf der Seite der angesprochenen Lieferanten größere Unternehmen im Vorteil sind. ... Die von der Beklagten geübte Methode würde die Schwierigkeiten kleinerer Hersteller und kleinerer Händler vermehren, dadurch die Tendenz zu immer weniger immer größeren Unternehmen verstärken und damit letzten Endes den freien Wettbewerb beeinträchtigen, der nur bei zahlreichen Anbietern und Abnehmern funktioniert[79]."

So weit das OLG Düsseldorf. Wegen der Bedeutung des Falles hat es die Revision zugelassen. In der Tat sprengt das Urteil den bis jetzt vom BGH anerkannten Umfang marktbezogener Unlauterkeit. Ob sich diese jedoch in den Fällen von Marktverstopfung und -verengung erschöpfen sollte, erscheint zumindest fraglich. Weiter führt hier möglicherweise der Begriff der „Funktionswidrigkeit"[80], der — lange vor der *Aufhebung* des Wettbewerbs — weit subtilere Verfälschungen ökonomischer Prozesse umfassen und damit auch Regeln wie die, daß die Finanzierung der Einrichtung von Geschäftsräumen Sache des Einzelhändlers sei, abdecken könnte.

---

[76] Ebda.
[77] Vgl. das Vorsprungsargument, S. 224 r. Sp.
[78] WRP 1973, 224 r. Sp.
[79] Ebda.
[80] Vgl. *Burmann*, WRP 1968, 258 ff., der allerdings — weitergehend — alle Unlauterkeitsbezüge von den wettbewerblichen Funktionen her definieren und das Wettbewerbsrecht als „Funktionsrecht" auffassen will.

(16) OLG Frankfurt vom 6. V. 1975, WRP 1975, 367 — „Eintrittsgelder"

Auch in diesem Fall wollte sich eine Verbrauchermarkt KG für eine wohlwollende Sortimentsführung von einem Hersteller bezahlen lassen. Im Unterschied zum Düsseldorfer Fall des „Anzapfens" sollte hier allerdings der *weitere Verbleib* einer Teemarke im Sortiment von der Zahlung einer Pauschale abhängig gemacht werden. Für den persönlich haftenden Gesellschafter der Beklagten waren derartige Forderungen an der Tagesordnung (bezüglich Kaffee: „Ich bekomme z. B. von M. DM 5000,—, dafür kommt mir auch kein N. oder Mo. ins Haus").

Das OLG beruft sich zur Begründung der wettbewerblichen Unzulässigkeit dieses Verhaltens zunächst auf das Urteil des OLG Düsseldorf, betont aber zugleich einen verhältnismäßig erschwerenden Umstand des vorliegenden Falles: es handele sich nicht um eine „verschleierte Drohung", sondern um eine „offene Nötigung" (S. 369).

Anschließend wird ausgeführt, in dem Vorgehen der Beklagten liege „eine Verfälschung des Leistungswettbewerbs, die zu Lasten der Verbraucher *und* zu Lasten der Mitbewerber gehe. Diese Auffassung begründet der Senat u. a. mit detaillierten Folgenprognosen. Er sei

„davon überzeugt, daß in aller Regel die Auswirkung solcher Geschäftspraktiken, wie sie die Beklagte verteidigt, nicht darin besteht, dem Verbraucher die erzielten ‚Eintrittsgelder' in dieser oder jener Form weiterzugeben. Vielmehr wird die Regel darin bestehen, daß das ‚Eintrittsgeld' vorweg dem Gewinn des Einzelhändlers zugeschlagen wird und daß die Mehrkosten, die der Hersteller erbringen muß, um sich den Marktzutritt zu verschaffen, auf den Einkaufspreis aufgeschlagen werden. Das System wirkt sich dann preisverteuernd aus. Diese Auswirkungen, die sich regelmäßig ergeben werden, wenn sich die Geschäftsmethode der Beklagten verallgemeinern sollte, können durchaus berücksichtigt und zur Beurteilung der Wettbewerbswidrigkeit herangezogen werden." Es folgen Rechtsprechungsnachweise (S. 369).

Ferner stellt das Gericht (von ihm selbst so genannte) „wirtschaftspolitische Erwägungen" zur Stützung des Unwerturteils an:

„Die Verbraucher werden dadurch benachteiligt, daß sich die Angebotspalette verkürzt und sie nur noch auf *ein* Erzeugnis (oder auf wenige Erzeugnisse) angewiesen sind; die Mitbewerber werden benachteiligt, indem sie — wenn sie nur kleinere Umsätze erzielen können — den Herstellern weniger Marktmacht entgegensetzen und deshalb keine ‚Eintrittsgelder' abnötigen können. Die Mitbewerber werden auch nicht imstande sein, durch eine größere Auswahl an Erzeugnissen der gleichen Warenart den Wettbewerbsnachteil wieder auszugleichen, der ihnen dadurch entsteht, daß sie keine ‚Eintrittsgelder' verlangen können. Denn es ist durchaus möglich, daß die Verbraucher durch das (enge) Angebot der Beklagten an bestimmte Erzeugnisse gewöhnt werden und in anderen Einzelhandelsgeschäften Wettbewerbserzeugnisse der gleichen Warenart gar nicht mehr aufsuchen." (S. 369)

Schließlich zieht das OLG Frankfurt ein wirtschaftspolitisches Ziel des Wettbewerbsbeschränkungsrechts zur Inhaltsbestimmung des § 1

UWG im konkreten Fall heran, nämlich den Abbau von Marktzutrittsschranken, wofür es sich auf § 18 Nr. 2 i. V. m. Buchst. b) GWB beruft. In seiner Anmerkung (WRP 1975, 371) weist *Löhr* mit Recht darauf hin, daß man sich auch auf das Behinderungsverbot des § 26 II GWB hätte berufen können.

In jedem Fall zeigt die Heranziehung von Zielsetzungen des GWB, daß man beginnt, nicht nur die strenge Arbeitsteilung von Unlauterkeits- und Beschränkungsrecht (hier Schutz der Lauterkeit des Wettbewerbs, dort Garantie seiner Freiheit) zu überwinden, sondern statt der Antinomien (Wettbewerbsfreiheit ist zunächst auch Freiheit zur Unlauterkeit, Unlauterkeitsregeln sind Wettbewerbsbeschränkungen) nunmehr auch die „Konvergenz und gegenseitige Ergänzung beider Bereiche"[81] zu erkennen und für die Handhabung des UWG nutzbar zu machen. Schon hier darf darauf hingewiesen werden, daß die Hereinnahme von Kriterien des Wettbewerbsbeschränkungsrechts in das Unlauterkeitsrecht ohne Folgenerwägungen kaum zu bewerkstelligen sein dürfte.

IV. Folgen für das Publikum

Nach der „volkswirtschaftlichen" soll nunmehr die andere vom Reichsgericht überkommene Begründungskette weiter verfolgt werden, nämlich der Verweis auf die Belange der Allgemeinheit. Aus der ursprünglichen Verschmelzung mit ökonomischen Argumenten hat sich dieser Unlauterkeitsbezug — ebenso wie die Marktbezogenheit — in der Nachkriegsjudikatur verselbständigt und ist nach Umfang sowohl wie nach Inhalt fast unübersehbar weit ausgeufert. Im Bereich der sozialrechtlichen Unlauterkeit ist er — gemessen an der Zahl der Entscheidungen, die sich auf ihn stützen — heute der umfangreichste. Eine genauere dogmatische Herausarbeitung und Untergliederung dessen, was hier unter „Publikumsschutz" zusammengefaßt wird, wäre möglich und wünschenswert. Davon wird hier aber abgesehen. „Folgen für das Publikum" dienen hier ausschließlich als Gliederungsgesichtspunkt; ihre Relevanz ergibt sich aus der Rechtsprechung selbst.

(17) BGH vom 11. XI. 1958, GRUR 1959, 277 — „Künstlerpostkarten"

Der Sachverhalt spielte sich — gekürzt — wie folgt ab: Der beklagte Verlag stellte u. a. Postkarten her, die Reproduktionen von Werken

---

[81] *L. Raiser*, GRUR Int. 1973, 445. Vgl. ferner *Sack*, GRUR 1970, 499 f.; *Mestmäcker*, AcP 1968, 253 ff.; *Schluep*, GRUR Int. 1973, 447 f. hält eine Kollision beider Materien sogar für ausgeschlossen; lediglich „Quasi-Konflikte" seien denkbar.

darstellten, die körperbehinderte Künstler mit dem Fuß oder dem Mund gemalt hatten. Er versandte diese Postkarten serienweise (9 Stück) unaufgefordert an Privatpersonen. In einem Begleitschreiben wies er auf die Herkunft der Karten hin sowie auf die Möglichkeit, sie käuflich zum Preise von 1,50 DM zu erwerben. Außerdem enthielt die Sendung den Vermerk: „Wir machen höflichst darauf aufmerksam, daß wir weder eine Rückgabe der Künstlerpostkarten verlangen noch eine Zahlungs- oder Aufbewahrungspflicht für sie besteht."

Durch diesen zuletzt genannten Hinweis entging der Verlag dem Vorwurf, einen psychologischen Kaufzwang auszuüben, der in der Regel mit der Zusendung unbestellter Waren verbunden ist[82]. Da auch „der Umstand allein, daß der Umworbene die Werbung als unbequem oder aus sonstigen Gründen als lästig empfindet"[83] noch nicht ausreiche, die Werbung als unzulässig anzusehen, war eine individualrechtliche Unlauterkeit aus dem Gesichtspunkt der ungehörigen Kundenbeeinflussung nicht zu begründen.

Anschließend besinnt sich der Senat der feststehenden Rechtsprechung, wonach „§ 1 UWG nicht nur die Mitbewerber vor unlauterem Wettbewerb schützen, sondern auch die Allgemeinheit vor Wettbewerbsauswüchsen bewahren" will[84]. Deshalb dürfe eine Wettbewerbshandlung „niemals zu einer untragbaren allgemeinen Beunruhigung des wirtschaftlichen Lebens führen"[85].

„Es ist auch der Revision zuzugeben, daß die angegriffene Vertriebsart, wenn sie sich bei allen oder doch einer großen Zahl der in Betracht kommenden Postkarten-Verlage einbürgern würde, zu einer ins Gewicht fallenden Belästigung führen könnte. Eine ernsthafte Gefahr, daß die angegriffene Werbe- und Vertriebsmethode im Postkartenhandel weitgehend üblich werden könnte, besteht aber schon deshalb nicht, weil sie sich zwangsläufig für den Postkartenhersteller als wirtschaftlich untragbar erweisen müßte, sobald die in Betracht kommenden Verbraucherkreise unter Freistellung von einer Rückgabe- und Aufbewahrungspflicht mit einer Vielzahl solcher unbestellten Postkartensendungen versorgt würden. Da hiernach die beanstandete Vertriebsart überhaupt nur Erfolgsaussichten haben kann, wenn sie nur vereinzelt und in angemessenen Zeitabständen durchgeführt wird, sie dann aber im Hinblick auf die Entbindung des Empfängers von jeglicher Verpflichtung keine unzumutbare Belästigung darstellt, ist sie rechtlich nicht zu beanstanden[86]."

---

[82] Vgl. LG München I GRUR 1955, 594; BGH GRUR 1960, 382 — Verbandstoffe; BGH GRUR 1966, 47 — Indicator.
[83] GRUR 1959, 279 l. Sp.
[84] GRUR 1959, 279 l. Sp.
[85] Ebda.
[86] Ebda.

IV. Folgen für das Publikum

(18) BGH vom 8. IV. 1960, GRUR 1960, 431 — „Kraftfahrzeug-Nummernschilder"

Klägerin und Beklagter gehörten zu etwa einem halben Dutzend Nummernschilderherstellern, die sich im näheren Umkreis des Düsseldorfer Straßenverkehrsamtes niedergelassen hatten, um mittelbar von der dort ansässigen Kfz-Zulassungsstelle zu profitieren. Der Beklagte, dessen Geschäft weniger günstig als das der Klägerin gelegen war, warb Kunden auf folgende Weise:

„Er hielt sich in der Nähe des Ausgangs des Straßenverkehrsamts auf. Sobald er Personen gewahrte, die mit einem roten Zettel, der das ihnen zugeteilte Kennzeichen trägt, den auf die Straße führenden Ausgang passierten, sprach er sie an und erklärte ihnen, er liefere Kennzeichenschilder; dabei wies er auf seine auf der gegenüberliegenden Straßenseite befindlichen Betriebsräume hin und geleitete die angesprochenen gelegentlich auch dorthin[87]."

LG und OLG hatten der Klage stattgegeben. Das OLG sah in dem Vorgehen des Beklagten einerseits eine Belästigung des Publikums, andererseits auch eine Behinderung der übrigen Hersteller von Nummernschildern. Dieser Zweispurigkeit der Begründung — vom BGH selbst oft genug angewandt — stimmt der Senat zu[88]. Im Hinblick auf die Belästigung des Publikums führt er weiter aus:

„Um in Zweifelsfällen festzustellen, ob eine Werbemethode mit Rücksicht auf die mit ihr verbundene Einwirkung auf die Willensfreiheit des Angesprochenen noch mit den Anforderungen des lauteren Wettbewerbs vereinbar ist, ist schließlich zu fragen, ob die Mitbewerber aus Wettbewerbsgründen gezwungen wären, diese Werbemethode nachzuahmen, und wie sich eine solche allgemeine Nachahmung auswirken würde ... Es bedarf nun aber keiner besonderen Darlegung, daß es hier zu untragbarer Belästigung der Allgemeinheit führen müßte, wenn Gewerbetreibende dieses Geschäftszweigs in erheblicher Anzahl beim Ausgang des Straßenverkehrsamts jeden am Erwerb eines Nummernschildes anscheinend Interessierten ansprechen und dabei zwangsläufig versuchen würden, einander zuvorzukommen[89]."

(19) BGH vom 23. I. 1959, GRUR 1959, 285 — „Bienenhonig"

Die Beklagte — wie die Klägerin auf dem Gebiet des Honighandels tätig — beabsichtigte, im Rahmen einer Werbeaktion Prämien für die Werbung neuer Kunden auszusetzen. Es sollte bereits als Kundenwerbung gelten, wenn von dem Geworbenen lediglich ein Glas Honig zum Preise zwischen 2,50 und 3,50 DM ohne weitere Kaufverpflichtung abgenommen würde. Die Prämie für den Werber sollte verhältnismäßig hoch sein: ein Kristallteller im Werte von 2,— DM für jeden

---

[87] BGH GRUR 1960, 431.
[88] S. 432.
[89] S. 432 r. Sp.

Neukunden, bei der Zuführung von sechs Abnehmern außerdem eine Kristallschale (Wert: 5,— DM). Darüber hinaus sollten die Werber an einem Preisausschreiben teilnehmen können.

Die Grundsätze über die progressive Kundenwerbung (vgl. oben Fall 5) sind wegen der Unterschiedlichkeit beider Verkaufssysteme hier nicht anwendbar: weder wird die Werbeprämie hier direkt auf den Kaufpreis angerechnet, den der Werbende zu zahlen hat, noch werden die Umworbenen in die weitere Absatzförderung eingespannt.

Infolgedessen mußte der BGH für Fälle dieser Art neue Regeln aufstellen. Zu diesem Zweck wird eine gründliche Folgenanalyse erstellt.

Zunächst bemerkt der Senat, es handle sich um eine relativ hohe Werbeprämie, die zugleich ohne große Mühe errungen werden könne. Dies beschwöre „zwangsläufig die Gefahr von Mißständen herauf, die das von der Bekl. beabsichtigte Werbeverfahren als gegen die guten Sitten im Wettbewerb verstoßend erscheinen lassen"[90]. Die unerwünschten Konsequenzen dieser Art Verkaufsförderung, die die Unlauterkeit begründen sollen, sieht der BGH in Folgendem (vgl. die Abschnitte II 3 a - c der Urteilsbegründung):

1. Entgegen dem Prinzip des Leistungswettbewerbs spiele bei dieser Werbung die Güte der Ware keine Rolle mehr, sondern nur noch die Hoffnung auf Prämien.

2. Infolge des hohen Anreizes des Systems für die Werbenden bestehe die Gefahr, daß im Freundes- und Bekanntenkreis die Werbung immer mehr um sich greife und so „zu einer ungebührlichen Inanspruchnahme der Allgemeinheit für die Zwecke eines einzelnen geschäftlichen Unternehmens"[91] führe. Diese Folge sei um so wahrscheinlicher, als im Falle einer Zulassung des Systems der Beklagten die Konkurrenten zur Nachahmung angereizt würden, was die zu erwartende Belästigung der Allgemeinheit noch erheblich steigern würde.

3. „Verfolgt man im einzelnen, wie sich das Werbeverfahren der Bekl. voraussichtlich praktisch auswirken würde, so ergibt sich weiter folgendes:

Verschweigt der werbende Altkunde dem zu werbenden neuen Kunden sein eigenes Interesse an der Werbung, so wird er oft geneigt sein, um des für ihn lohnenden Gewinns willen die Ware dem Umworbenen in einer wettbewerbsrechtlich unzulässigen Weise, insbesondere mittels einer unzulässigen vergleichenden Reklame anzupreisen ...

---

[90] S. 286 r. Sp.
[91] S. 287. Diese Wendung ist fast wörtlich übernommen aus BGH GRUR 1955, 350 — „Progressive Kundenwerbung", vgl. oben Fall (5).

IV. Folgen für das Publikum

Solche Wettbewerbsverstöße würden jedoch kaum kontrollierbar sein[92]."

Ferner bestehe die Gefahr, daß der Neukunde den Honig nur deshalb abnehme, um dem Werber einen Gefallen zu tun, oder von diesem gar nur als Strohmann vorgeschoben werde, damit der Werber in den Besitz von Honig *und* Prämie gelange. Aus der Addition all dieser Umstände ergebe sich die Unlauterkeit der Werbemaßnahme[93].

(20) BGH vom 13. VII. 1959, GRUR 1959, 544 — „Modenschau"

Gestritten wurde u. a. um die wettbewerbsrechtliche Zulässigkeit dreier Modenschauen, die die Beklagte — eine Bekleidungshändlerin — in ihren Geschäftsräumen veranstaltet hatte. Dabei konnten die Besucher an einem Wettbewerb teilnehmen, bei dem es die Beliebtheit der vorgeführten Modelle bei den Anwesenden möglichst genau zu erraten galt. Als Gewinne wurden Kleidungsstücke im Gesamtwert von 700,— DM verteilt.

Unter Berufung auf die Lockenwickler-Entscheidung des Reichsgerichts[94] hatte das OLG in dem Verschenken der Textilien einen Verstoß gegen § 1 UWG gesehen. Demgegenüber verweist der BGH auf seine eigene Rechtsprechung zu dieser Frage[95] und fährt fort:

„In den Tatsacheninstanzen hat die Kl. keine Einzelangaben darüber machen können, inwiefern etwa das von der Bekl. eingesetzte Werbemittel den Keim zu einem immer weiteren Umsichgreifen und dadurch zu einer Verwilderung der allgemeinen Wettbewerbssitten ... in sich tragen könnte. Auch das Berufungsgericht hat in dieser Hinsicht keine tatsächlichen Feststellungen getroffen. Es sind daher selbst bei Berücksichtigung eines normalen Nachahmungstriebs zwischen Konkurrenten keine konkreten Anhaltspunkte dafür gegeben, daß das Textilgewerbe der Stadt Trier, entsprechend der in der Revisionserwiderung [der Klägerin, d. Verf.] geäußerten Befürchtung, in ein ‚völliges Chaos' versinken müßte, sofern weiterhin Modenschauen mit solch bescheidenen Preiswettbewerben geduldet werden[96]."

Der Versuch der Klägerin, unter Berufung auf Branchen- und Gemeinschaftsinteressen einen ihr persönlich lästigen Wettbewerb zu unterbinden, wurde daher vom BGH mit Recht zurückgewiesen.

(21) BGH vom 27. I. 1967, GRUR 1967, 254 — „Waschkugel"

Der Beklagte hielt in Filmtheatern Werbeveranstaltungen für ein Waschgerät ab und versuchte auf die Weise Interessenten zu gewinnen,

---

[92] S. 287.
[93] Zu weiteren Fällen von Laienwerbung, in denen (mit unterschiedlichen Ergebnissen) ähnlich argumentiert wurde, vgl. OLG Karlsruhe GRUR 1969, 224; LG Berlin WRP 1971, 80.
[94] GRUR 1939, 862 (oben Fall 3).
[95] BGHZ 23, 365 — Suwa (oben Fall 6).
[96] S. 546 r. Sp.

80 3. Teil: Folgenerwägungen in der Rechtsprechung zu § 1 UWG

daß er in Postwurfsendungen jedem Besucher ein halbes Pfund Bohnenkaffee oder Pralinen versprach. Ehepaare erhielten die doppelte Menge. Auf den Zweck der Veranstaltung wurde in dem Werbeschreiben nicht hingewiesen. Die Anwesenden bekamen den Kaffee bzw. die Pralinen am Schluß der Veranstaltung ausgehändigt.

Berufungsgericht und BGH hielten diese Aktionen unter dem Gesichtspunkt des „übertriebenen Anlockens" für wettbewerbswidrig. Dabei handelt es sich um einen Tatbestand, der zunächst als individualrechtlich unlauter (nämlich kundenbezogen) zu betrachten ist[97].

Dieses Argument, das für sich allein bereits das Urteil der Wettbewerbswidrigkeit tragen könnte, wird anschließend sozialrechtlich „angereichert", indem der BGH ausführt, das Versprechen derart übermäßiger Vorteile für die Teilnehmer an Werbeveranstaltungen könne „die Mitbewerber zur Nachahmung verleiten oder sogar nötigen ...", was in diesem besonderen Fall zu einer auch im Interesse der Allgemeinheit nicht tragbaren Übersteigerung der Werbung für den Besuch derartiger Veranstaltungen führen würde"[98].

Hintergrund für diese Befürchtung ist die vom OLG als gerichtsbekannt unterstellte Tatsache, „daß die Bevölkerung zunehmend in ihren Briefkästen Einladungen zu Werbeveranstaltungen vorfindet, in denen ½ Pfund Kaffee oder Markenpralinen oder Butter oder aber eine Flasche Sekt, Tafelbestecke, Perlenkolliers, Tischdecken, 2 Paar Perlonstrümpfe u. dgl. angeboten werden, um das Publikum zur Teilnahme an der Veranstaltung anzulocken"[99].

(22) LG Berlin vom 5. V. 1971, WRP 1972, 155.

Die Parteien — als Einzelhändler Wettbewerber in der Rundfunkbranche — stritten um die Zulässigkeit folgender Werbemaßnahme der Antragsgegnerin: Sie überließ Interessenten kostenlos für zwei Monate einen Farbfernseher. Nach Ablauf dieser Frist konnten die Kunden entscheiden, ob sie 1. das Gerät mit fünfjähriger Laufzeit leasen, 2. kaufen oder 3. zurückgeben wollten.

Die Überlassung des Gerätes hatte bei Zugrundelegung der monatlichen leasing-Raten einen Wert von 112,80 DM. Dazu führt das Landgericht aus:

„Bei einer derartigen Sachlage ist der Anreiz, die Leistung der Antragsgegnerin unentgeltlich in Anspruch zu nehmen, derartig groß, daß sich ihre

---
[97] In der Systematik von *Baumbach / Hefermehl* wird er unter „Kundenfang" aufgeführt, vgl. Rdnrn. 4, 56 zu § 1 UWG.
[98] S. 255 l. Sp.
[99] Ebda.

IV. Folgen für das Publikum

Mitbewerber der Gefahr ausgesetzt sehen, mit ihrem Angebot keine Beachtung mehr zu finden, wenn sie nicht in gleicher Weise werben wollen. Auch deswegen ist die Werbemaßnahme der Antragsgegnerin zu beanstanden, weil sie ihre Konkurrenten dazu zwingen würde, ihren Kunden ebenfalls Farbfernsehgeräte für eine bestimmte Zeit kostenlos zu überlassen und damit zu einer Übersteigerung des allgemeinen Wettbewerbs beizutragen...[100]."

Ergänzend wird individualrechtlich, nämlich konsumentenbezogen argumentiert: das Versprechen einer zweimonatigen, kostenlosen Überlassung eines Farbfernsehers sei als übertriebenes Anlocken zu werten. Ferner übe die Antragsgegnerin durch ihre vermeintliche Großzügigkeit auf ihre Kunden einen psychologischen Kauf- bzw. Leasing-Zwang aus.

(23) Kammergericht vom 27. XI. 1972, WRP 1973, 156.

Die beklagte GmbH war eine Foto-Agentur. Ihre Gesellschafter — ein Ehepaar — bemühten sich um Aufträge für Hochzeitsfotos in der Weise, daß sie Brautleute in oder vor einem Berliner Bezirksrathaus, in dem das Standesamt untergebracht war, ansprachen. Beide Instanzen hielten dies für unzulässig. Das KG stellt dazu eine klare Regel auf: „Maßgebend ist, daß Brautpaare, die bei dem Standesamt ihr Aufgebot bestellen, im und vor dem Rathaus unbehelligt bleiben müssen[101]."

Viele Angesprochene würden sich überreden lassen, ohne eingehende Prüfung das Angebot anzunehmen, nur um den Fotografen loszuwerden.

„Das würde zu dem nicht zu billigenden Ergebnis führen, daß der aufdringlichste Anbieter den größten Erfolg aufweist. Dabei ist noch zu berücksichtigen, daß die Brautleute zu diesem Zeitpunkt normalerweise einen Preisvergleich zwischen verschiedenen Angeboten noch nicht getroffen haben, und, wenn man eine solche Werbung als zulässig erachten wollte, die Konkurrenten gezwungen wären, die selben Methoden anzuwenden. Das würde wiederum zu Unzuträglichkeiten und Reibereien der verschiedenen Bewerber in der Öffentlichkeit führen[102]."

(24) OLG Köln vom 3. III. 1972, WRP 1972, 275.

Die Beklagten zu 1. und zu 2. waren Unternehmer, die sich mit Kraftfahrzeugreparaturen bzw. Abschlepp- und ähnlichen Hilfsdiensten beschäftigten. Beide vermieteten darüber hinaus gewerbsmäßig Kraftwagen. Der Beklagte zu 3. war im Auftrag dieser beiden Firmen tätig.

---

[100] S. 156 r. Sp.
[101] S. 157 l. Sp.
[102] S. 157. Anders noch (in einem ähnlich gelagerten Fall) KG WRP 1971, 132.

Er und die Inhaber der beiden Unternehmen verteilten deren gemeinsame Visitenkarten an Verkehrsunfallbeteiligte unmittelbar nach dem Unfall, um von ihnen Aufträge zu erlangen. Daß die Beklagten meist schon vor der Polizei am Ort des Geschehens eintrafen, war vermutlich auf das verbotswidrige Abhören des Polizeifunks zurückzuführen.

Das OLG sah die Sittenwidrigkeit dieses Vorgehens durch das Zusammenwirken mehrerer Umstände als begründet an. Vor allem befänden sich die Unfallbeteiligten durch die Schreck- oder gar Schockwirkung in einem Zustand „erhöhter Bestellanfälligkeit", dessen Ausnutzung unlauter sei. Die erfolgreiche Praxis der Beklagten könne eine Nachahmung seitens der Konkurrenten provozieren, mit der Folge, daß die Vertreter der einschlägigen Branchen gehäuft an Unfallstellen in Erscheinung träten.

„Mindestens dann können ... b) die Massierung mehrerer, verständlicherweise so nahe wie möglich an die Unfallstelle heranfahrender Fahrzeuge der Wettbewerber und das Herumstehen der Fahrzeuge zu zusätzlichen Verkehrsbehinderungen, das Auftreten und Herumstehen mehrerer Verteiler zur Behinderung der polizeilichen Ermittlungen führen[103]."

Ferner sei zu befürchten, daß es nicht beim Verteilen der Geschäftskarten bleibe, sondern — auch hier unter Berücksichtigung der Nachahmungsgefahr — ein unzulässiges „Anreißen" hinzukomme.

V. Folgen für die Pressestruktur

Wenden wir uns nun einem weiteren Schutzzweck aus dem Bereich der sozialrechtlichen Unlauterkeit zu. Schon seit langem ist in gewisser Hinsicht die Erhaltung der bestehenden Pressestruktur als Schutzzweck neben die Bewahrung des Publikums vor übertriebener kommerzieller Belästigung und der Marktabläufe vor willkürlicher Degenerierung getreten. Auch diese Zielsetzung impliziert, wie die folgenden Urteile des Bundesgerichtshofs (Fälle 26 und 27) zeigen werden, die Analyse und Berücksichtigung der mit bestimmten Wettbewerbshandlungen empirisch oder prognostisch verbundenen gesellschaftspolitischen Konsequenzen.

(25) OLG Celle vom 9. VII. 1955, GRUR 1956, 281

Das Gericht hatte auf Antrag mehrerer Verleger von Tageszeitungen über die Zulässigkeit der kostenlosen Verteilung eines Anzeigenblatts mit einer Auflage von etwa 7000 Exemplaren zu entscheiden. Rund drei Viertel dieses Blatts nahmen Annoncen ein, während der Rest

---

[103] S. 276 l. Sp.

V. Folgen für die Pressestruktur

Lokal- und Familiennachrichten sowie kleineren redaktionellen Beiträgen vorbehalten war. Der Umfang dieses „W.-Boten" betrug zwei bis vier doppelseitig bedruckte Blätter. Der Anzeigenpreis lag um 50 % über dem der Zeitungen der Antragsteller.

Das OLG wendet bei der Beurteilung dieses Sachverhalts die vom Reichsgericht in den Entscheidungen „Diamantine" und „Persil"[104] aufgestellten Regeln an, wonach die Sittenwidrigkeit des Verschenkens von Ware von der Störung des auf „ausgewogener Preisgestaltung beruhenden Wirtschaftslebens" abhängig gemacht wird[105]. Auch findet sich hier noch die Gleichsetzung von (gemessen an betriebswirtschaftlichen Kategorien) unwirtschaftlicher und sittenwidriger Preisunterbietung[106].

Von diesem Standpunkt aus entbehrt die Ablehnung der Unlauterkeit durch das OLG Celle nicht der Konsequenz. denn bei dem Anzeigenblatt handelte es sich nicht um eine Ware, für die nach Grundsätzen der Wirtschaftlichkeit ein Entgelt hätte verlangt werden müssen. Im Gegenteil: selbst bei einem nur geringen Verkaufspreis wäre es kaum noch abzusetzen gewesen. Der Gedanke, daß eine mögliche Beeinträchtigung der bestehenden Pressestruktur eine eigenständige Begründung der Unlauterkeit des Verteilens von Anzeigenblättern abgeben könnte, findet sich in diesem Urteil noch nicht. Hier hätte es einer über das Reichsgericht hinausgehenden Regelbildung bedurft, die erst der BGH in der folgenden Entscheidung vollzog.

(26) BGH vom 27. I. 1956, BGHZ 19, 392 = GRUR 1956, 223 — „Freiburger Wochenbericht"

In diesem Fall wurde gegen die kostenlose Verteilung eines in ca. 40 000 Exemplaren erscheinenden Anzeigenblatts geklagt. Wöchentlich wurden auf diese Weise alle Freiburger Haushaltungen beliefert.

Der Senat rekurriert zunächst auf die vom Reichsgericht überkommene und vom ihm bestätigte[107] Maxime, daß § 1 UWG auch dazu diene, die Allgemeinheit vor Auswüchsen des Wettbewerbs zu bewahren. Von dieser Grundlage aus entwickelt der BGH Grundsätze einer „pressebezogenen Unlauterkeit".

Zunächst komme es darauf an, ob in den Augen des Publikums der „Wochenbericht" als „Zeitung" angesehen werde. Reine Offertenblätter,

---

[104] RG GRUR 1936, 810 und RG GRUR 1938, 207 (oben Fälle 1 und 2).
[105] S. 281 l. Sp. Diese Begründung der Unlauterkeit wurde erst in BGHZ 23, 365 — „Suwa" verworfen, vgl. oben Fall 6.
[106] S. 282 l. Sp.
[107] BGH GRUR 1955, 541 — „Bestattungswerbung"; BGHZ 15, 356 — „Progressive Kundenwerbung" (vgl. oben Fall 5).

die ausschließlich Anzeigen enthielten, könnten den Tageszeitungen keine Leser entziehen. Bezüglich des Anzeigenrückgangs bei den Tageszeitungen seien reine Offertenblätter ebenso einzustufen wie alle anderen Werbemedien auch, d. h. die Presse habe diese konkurrenzbedingten Einschränkungen hinzunehmen.

„Etwas anderes ist es aber, wenn ein Offertenblatt infolge der Einfügung eines redaktionellen Teils von einem nicht unerheblichen Teil des Publikums als ‚Zeitung' gewertet wird und auf diese Weise durch seine kostenlose Abgabe und die dadurch ermöglichte Aufgabensteigerung im Anzeigengeschäft einen Vorsprung vor den übrigen Mitbewerbern des Zeitungsgewerbes erhält. Ein Offertenblatt, das in dieser Form vorgeht, würde dann gegen die guten Sitten des Wettbewerbs verstoßen, wenn sich daraus eine Schädigung oder auch nur eine ernstliche Gefährdung des Bestandes der übrigen Tageszeitungen ergeben würde. Würden diesen Zeitungen die Einnahmen aus den Inseraten in einem Maße entzogen, daß sie gegebenenfalls gezwungen wären, das Niveau des Schriftleitungsteiles aus Mangel an den erforderlichen Mitteln für Redakteure und Korrespondenten absinken zu lassen, so könnte dies angesichts der politischen und kulturellen Aufgaben, die die Presse gegenüber der Allgemeinheit zu erfüllen hat, nicht zugelassen werden. ... Ihre hohen staatspolitischen Aufgaben als Trägerin und Gestalterin der öffentlichen Meinung, als Organ des Nachrichtenwesens und als gesundes Gegengewicht gegenüber unerwünschten Machtkonstellationen ... kann die Presse nur erfüllen, wenn sie auch den gebührenden Schutz erfährt. Auch das Grundgesetz hat daher in Art. 5 die Pressefreiheit als unabdingbares Grundrecht gewährt. Der Inseratenverlust könnte aber zu einer Verkümmerung zahlreicher Zeitungen führen ..., also der Presse die Möglichkeit nehmen, den ihr obliegenden Aufgaben in der erwünschten und erforderlichen Form gerecht zu werden. Sie würde das heutige Gefüge des Pressewesens und damit die Belange der Allgemeinheit in einschneidender Weise zu schädigen geeignet sein[108]."

(27) BGH vom 18. X. 1968, BGHZ 51, 236 = GRUR 1969, 287 — „Stuttgarter Wochenblatt I"

Die Beklagte versorgte jeden Haushalt und jeden Betrieb in Groß-Stuttgart kostenlos mit ihrem Anzeigenblatt. Dieses hatte eine Auflage von 240 000 Exemplaren und einen durchschnittlichen Umfang von 20 Seiten, wobei auf den redaktionellen Teil etwa ein Viertel entfiel.

Die Klägerin verlegte zwei Tageszeitungen, deren Verbreitungsgebiet sich auf je einen Stuttgarter Vorort beschränkte, in einer Auflage von 9000 bzw. 6000 Stück. Sie erstrebte ein Verbot der Veröffentlichung eines redaktionellen Teils im Anzeigenblatt der Beklagten unter Berufung auf die in der Entscheidung „Freiburger Wochenbericht" aufgestellten Grundsätze. Deren Anwendung hätte auf tatsächlichem Gebiet eine Feststellung des Berufungsgerichts dahingehend erfordert, ob bei den Tageszeitungen ein existenzgefährdender Inseratenverlust eingetreten sei. Stattdessen hatte das OLG entscheidend auf Art. 5 GG

---

[108] GRUR 1956, 225 r. Sp.

abgestellt, dessen Schutz auch das Anzeigenblatt beanspruchen könne. Diesem Argument stellt der BGH die Betonung der institutionellen Komponente der Grundrechtsgewährleistung entgegen, die sich hier zu Lasten der Anzeigenblätter insofern auswirkt, als ihre Verteilung die bestehende Pressestruktur gefährden würde[109].

Weiter führte der BGH aus, der Vorwurf der Unlauterkeit folge „aus einer zusammenfassenden Gesamtwürdigung des angewendeten Mittels und der damit verbundenen Auswirkung, wobei auch die... erheblichen Interessen der Allgemeinheit am Bestand eines leistungsfähigen Pressewesens" ins Gewicht fielen. Über die „sonach entscheidungserheblichen Auswirkungen" habe das OLG aber keine Feststellungen getroffen. Es sei denkbar, daß als Folge der Anzeigenblattverteilung ein Leserverlust bei Lokalzeitungen eintreten, der Verlust von Anzeigeneinnahmen kleinere Zeitungen besonders empfindlich treffen und die Neugründung von Lokalblättern erschwert werde[110].

Wegen insofern unzureichender Sachverhaltsaufklärung verwies der BGH die Sache an das OLG zurück[111].

VI. Folgen für die Intimsphäre

Jedes werbende Unternehmen ist daran interessiert, auf die Willensbildung der Angehörigen der Marktgegenseite einen möglichst weitgehenden Einfluß auszuüben. Den Umworbenen ihrerseits liegt daran, vor der Werbung für bestimmte Produkte oder Dienstleistungen, zu gewissen Zeiten oder an bestimmten Orten verschont zu bleiben. Dieser Konflikt ist im Wettbewerb selbst angelegt. Er droht in dem Maße zum Nachteil der Umworbenen auszugehen, in dem sich die Anbieterseite hocheffizienter technischer Kommunikationsmittel zur Einzel- und Massenbeeinflussung bedient. Insbesondere die Intimsphäre ist jedoch auch urwüchsigeren Formen kommerzieller Aufdringlichkeit ausgesetzt, wie unsere ersten beiden Fälle zeigen.

(28) BGH vom 1. II. 1967, GRUR 1967, 430 — „Grabsteinaufträge I"
Der beklagte Steinmetzmeister hatte wiederholt vor Ablauf von vier Wochen nach einem Sterbefall von sich aus die Hinterbliebenen auf-

---

[109] GRUR 1969, 290.
[110] S. 289 r. Sp.
[111] Erneut mußte sich der BGH mit diesem Fall im Urteil vom 26. III. 1971 befassen (GRUR 1971, 477 — „Stuttgarter Wochenblatt II"). In dieser Entscheidung wurde ausdrücklich offengelassen, ob es für die Unlauterkeit genüge, wenn *eine* Zeitung beeinträchtigt wird, oder ob „das Pressewesen als solches" (S. 479) betroffen sein muß.

gesucht, um von ihnen einen Auftrag zur Herstellung eines Grabsteines zu erhalten. Dagegen wandte sich die zuständige Innung und trug vor, es sei „allgemein anerkannter Brauch des ehrsamen Steinmetzhandwerks, erst nach Ablauf von vier Wochen nach dem Todesfall in Trauerhäusern unaufgefordert Besuche zu machen, um Aufträge zur Ausführung von Grabsteinen zu erhalten".

Der BGH hielt das Vorgehen des Beklagten für unlauter. Zur Begründung verweist er einmal auf die seelische Labilität der Angehörigen, die der unaufgefordert erscheinende Steinmetz ausnutze. Vom Standpunkt der Allgemeinheit, die § 1 UWG (mit)schützen wolle, sei dies zu mißbilligen. Aber auch im Hinblick auf die Mitbewerber sei die Praxis des Beklagten zu beanstanden:

„Wesentlich ist ..., daß es vom Blickpunkt der Mitbewerber aus für die Erlangung eines geschäftlichen Vorsprungs bereits ausreicht, wenn die Angehörigen ‚nur' einen Tag vor Ablauf der Karenzfrist aufgesucht werden, an welche die standestreuen Mitbewerber sich halten. Dies hätte aber zur Folge, daß die Mitbewerber sich gegenseitig zu immer weiteren Unterschreitungen der Wartefrist treiben müßten, wenn sie dem die Frist nicht innehaltenden Wettbewerber den dadurch erzielten geschäftlichen Vorsprung nicht tatenlos belassen wollten[112]."

Letztlich ausschlaggebend für das Unwerturteil ist mithin auch bei dieser Entscheidung die Prognose einer Nachahmung durch die Mitbewerber für den Fall, daß der Unterschreitung der Wartefrist kein Einhalt geboten würde:

„Denn das dadurch ausgelöste Bestreben eines jeden Mitbewerbers, dem anderen zuvorzukommen, könnte dazu führen, daß die Wartefrist, auf die die Angehörigen des Steinmetzhandwerkes sich geeinigt haben, mehr und mehr verkürzt werde und damit diese vom Steinmetzgewerbe aufgestellte und gebilligte Wettbewerbsregel ihren Zweck verfehlt, die Angehörigen eines Verstorbenen wenigstens eine angemessene Zeit nach dem Trauerfall vor Werbungen durch unbestellte Hausbesuche zu bewahren[113]."

(29) BGH vom 12. III. 1971, GRUR 1971, 317 — „Grabsteinwerbung II"

In diesem Fall erstrebte und erreichte die Handwerksinnung München ein generelles, d. h. von einer Karenzzeit unabhängiges Verbot unaufgeforderter Hausbesuche von Grabsteinherstellern. Mit diesem verstärkten Schutz der Intimsphäre beantwortete der BGH das Vorbringen des beteiligten Steinmetzes, die Kokurrenz in seiner Branche habe sich in letzter Zeit verschärft. Wie bereits das RG ausgeführt habe (RGZ 145, 396 (402)), dürfe der Wettbewerb „nicht zu einem Wettlauf

---

[112] S. 431 r. Sp.
[113] GRUR 1967, 431 r. Sp.

VI. Folgen für die Intimsphäre

der Konkurrenten in das Haus der Hinterbliebenen führen, um hier einen Auftrag zur Herstellung eines Grabsteins zu erhalten"[114].

(30) BGH vom 19. VI. 1970, BGHZ 54, 188 = GRUR 1970, 523, „Telefonwerbung"

Die Parteien waren Verleger von Tageszeitungen. Die Beklagte beauftragte ein US-amerikanisches Werbeberatungsunternehmen mit der telefonischen Werbung von Abonnenten. Mitarbeiter der amerikanischen Firma riefen Privatleute unaufgefordert in deren Wohnung an, um ihnen ein kostenloses Probeabonnement der Zeitung der Beklagten zu offerieren. Bei dem Gespräch gingen die Werber verhältnismäßig zurückhaltend vor, gaben ihre Absicht offen zu erkennen und beendeten das Gespräch sofort, wenn der Gesprächspartner kein Interesse zeigte. Trotzdem war die Klage in allen Instanzen erfolgreich.

Unter Betonung der gemeinschaftsschützenden Funktion des § 1 UWG unterstreicht der BGH folgendes als für seine Regelbildung relevant:

„Als Maßstab für das, was der Allgemeinheit (hier im Sinne aller an der Werbung wirtschaftlich nicht beteiligten und nicht interessierten Personen) nicht mehr zumutbar ist, sind die dem verfassungsmäßigen Schutz des privaten Bereichs des einzelnen dienenden Erwägungen heranzuziehen. Im Vordergrund steht der Schutz der Individualsphäre gegenüber dem wirtschaftlichen Gewinnstreben Dritter[115]."

Es folgen Ausführungen, in denen die Gefährdung der Privatsphäre durch kommerzielle Anrufe als solche sowie durch Inhalt und Form, die sie annehmen könnten, dargelegt wird. Hinzu trete die Nachahmungsgefahr:

„Im Streitfall kommt diesem Gesichtspunkt deshalb eine besondere Bedeutung zu, weil die Werbung durch Telefonanruf auf eine Vielzahl von Gewerbezweigen, auf die Werbung für Waren, für Dienstleistungen, für Geschäfte besonderer Art erstreckt werden kann und die Gefahr einer untragbaren Belästigung und Beunruhigung des privaten Lebensbereichs daher naheliegt. Diese Gefahr ist auch deswegen besonders groß, weil es sich um eine wirtschaftlich nicht besonders aufwendige Methode handelt, die eine kaum zu übertreffende Nähe des Werbenden zu den angesprochenen Personen mit einer optimalen Zeitausnutzung verbindet[116]."

Im Ergebnis ist dieser Schutz vor telefonischer[117] und fernschriftlicher[118] Werbung inzwischen auch auf Geschäftsbetriebe, Anwaltskanz-

---
[114] GRUR 1971, 318 r. Sp. Die gegen dieses Urteil gerichtete Verfassungsbeschwerde des Steinmetzes wurde zurückgewiesen, BVerfGE 32, 311 = GRUR 1972, 358.
[115] GRUR 1970, 524 l. Sp.
[116] S. 524.
[117] LG Berlin WRP 1973, 548.
[118] BGHZ 59, 317 = GRUR 1973, 210 — „Telex-Werbung".

leien etc. ausgedehnt worden. Die Begründung der genannten Urteile stellt dabei naturgemäß weniger auf den Schutz der Intimsphäre ab, als auf die Funktionen, die Telefone und Fernschreiber in Geschäftsbetrieben u. ä. gemeinhin erfüllen.

VII. Folgen für die technische Innovation

Ebensowenig wie die sklavische Nachahmung ist die unmittelbare Übernahme eines fremden Arbeitsergebnisses[119] ohne weiteres unlauter im Sinne von § 1 UWG[120]. Immer wieder taucht die Frage auf, ob trotz fehlenden Sonderrechtsschutzes das — originär nicht zum Schutz schöpferischer Leistungen bestimmte — UWG einen Rechtsbehelf gegen Imitationen und unmittelbare Ausnutzungen abgeben kann. Diese schwierige, im Spannungsfeld von Nachahmungsfreiheit und wettbewerblicher Unlauterkeit angesiedelte Problematik hatte der BGH anhand folgender Kriterien zu lösen versucht: die unmittelbare Übernahme fremder Leistung sollte dann wettbewerbswidrig sein, wenn ein mit beträchtlichen Mühen und Kosten errungenes Arbeitsergebnis unmittelbar ausgenutzt wurde; wenn der Übernehmer dabei keinen eigenen Beitrag zum technischen oder sonstigen Fortschritt erbrachte; wenn der ursprüngliche Hersteller durch die Übernahme einen Schaden erlitt[121].

Zu dieser feststehenden Rechtsprechung brachte die folgende Entscheidung eine wichtige Ergänzung, die auch unser Thema betrifft.

(31) BGH vom 17. IX. 1971, GRUR 1972, 127 — „Formulare"

Beide Parteien befaßten sich mit der Herstellung von Formblättern und Vordrucken für die Bundeswehr. Auf Bestellung von deren Dienststellen druckte die Beklagte im fotomechanischen Verfahren zahlreiche Formulare nach, darunter auch solche, die die Klägerin angefertigt hatte. Die Formblätter waren der Beklagten von der Bundeswehr übergeben und auch ursprünglich, d. h. vor dem Druck durch die Klägerin, behördlich entwickelt und festgelegt worden. Gleichwohl sah die Klägerin in dem fotomechanischen Nachdruck eine unlautere Ausnutzung ihres eigenen Arbeitsergebnisses, da sie die Formblätter mit beträchtlicher Arbeit und erheblichen Kosten gedruckt habe. Unstreitig genossen die fraglichen Formulare keinen Urheberrechtsschutz, so daß sich die Klägerin auf § 1 UWG stützen mußte. Dazu führt der BGH aus:

---

[119] Zur Abgrenzung vgl. *Luchterhandt*, GRUR 1969, 581 ff. m. w. N.
[120] BGH GRUR 1969, 186 (188 l. Sp.) — „Reprint". Zum Ganzen *Baumbach / Hefermehl*, Rdnr. 367 ff., 431 ff. zu § 1 UWG.
[121] Vgl. *Luchterhandt*, GRUR 1969, 585 f. m. w. N.

VII. Folgen für die technische Innovation

„Ein wettbewerbsrechtlicher Schutz gegen die unmittelbare Übernahme einer fremden Leistung, für die ein Sonderrechtsschutz nicht besteht, kommt vor allem in Betracht, wenn die Übernahme deshalb als anstößig empfunden wird, weil der Übernehmende wegen der Ersparnis eigener Aufwendungen einen so erheblichen geschäftlichen Vorsprung vor dem anderen erreicht — der für seine Leistung zwangsläufig erhebliche Mühen und Kosten aufwenden mußte —, daß bei allgemeiner Anerkennung der Rechtmäßigkeit einer solchen Leistungsübernahme der auch im Allgemeininteresse liegende Anreiz zur Entwicklung fortschrittlicher Leistungen genommen würde (BGHZ 51, 41 — Reprint)[122]. Dabei kommt, wie insbesondere bei Beurteilung der Frage dargelegt worden ist, ob der fotomechanische Nachdruck gemeinfreier Werke einen Wettbewerbsverstoß im Sinne des § 1 UWG darstellt, sowohl dem Zeitfaktor als auch der Aktualität des Wettbewerbs Bedeutung zu (BGH, a.a.O.)[123]."

Hier wird also ein klassischer individualrechtlicher Unlauterkeitstatbestand, die Ausbeutung fremder Leistung unter sittenwidrigen Umständen, dadurch sozialrechtlich angereichert, daß für den Fall der Schutzverweigerung nach dem Unlauterkeitsrecht auf die zu erwartende Beeinträchtigung der Entwicklung fortschrittlicher technischer und sonstiger Leistungen verwiesen wird. Ob diese Erwartung zutrifft, d. h. ob die dem Wettbewerb zugeschriebene Erneuerungsträchtigkeit durch die Gewährung von Nachahmungsschutz tatsächlich erhalten und gefördert wird, mag hier dahinstehen[124].

Zu diesem Urteil bliebe als historische Reminiszenz nachzutragen, daß das Reichsgericht zur Zeit des Nationalsozialismus, ebenfalls unter Berufung auf die Interessen der Allgemeinheit, den aufgezeigten Konflikt im umgekehrten Sinne, nämlich zugunsten des Nachahmers bzw. Übernehmers entschied. Der Rekurs auf § 1 UWG wurde dem Ersthersteller unter Berufung auf die „oberste Forderung" versagt, „daß die Errungenschaften des Volkes auch dem Volke zugute kommen"[125] müßten. Diese gleichmäßige Beanspruchung des Gemeinwohls zur Begründung konträrer Regelbildungen sollte zu denken geben.

---

[122] Dieser Verweis soll eine Kontinuität vortäuschen, die nicht vorhanden ist. Im Reprint-Urteil war von einem solchen Allgemeininteresse keine Rede.
[123] BGH GRUR 1972, 127.
[124] Vgl. dazu unten Teil 6 III.
[125] RG GRUR 1937, 66 (70) — „Hindenburgbrille".

Vierter Teil

Folgenerwägungen im Entscheidungsprozeß

I. Vorbemerkung

Wie Entscheidungsprozesse wirklich ablaufen, ist noch weitgehend unbekannt: "Our knowledge of this process is not only slight but obscure[1]."

Die Chancen, dieses Dunkel im Justizbereich aufzuhellen, werden gering eingeschätzt. Der Grund dafür liegt in der Inkongruenz, die man hinsichtlich der „Herstellung" und der „Darstellung" von Gerichtsentscheidungen annimmt[2], m. a. W.: die offiziellen Urteilsgründe seien eben nicht die ganzen oder die wahren Urteilsgründe. Vor allem ließen sie im allgemeinen die ausschlaggebenden Erwägungen aus dem Bereich des „informellen Entscheidungsprogramms"[3] kaum erkennen. Ursache dafür sei des Richters „Kunst..., jedes Urteil, ja jeden Einfall zugleich als deduktiv-dogmatisch-richtig hinzustellen und die ihn tatsächlich leitenden Motive aus der Diskussion und aus seinem Bewußtsein herauszuhalten"[4].

Diesen — teilweise berechtigten — Einwänden ist jede Entscheidungsanalyse ausgesetzt, die sich auf veröffentlichte Entscheidungen stützt. Wenn trotzdem die angeführten Urteile mit zum Ausgangspunkt der weiteren Erörterungen gemacht werden, so deshalb, weil sie mir für den Bereich des § 1 UWG die These vom Auseinanderklaffen von Herstellung und Darstellung zumindest stark zu relativieren scheinen. Denn das Unlauterkeitsrecht gestattet es, Erwägungen, die im Bereich präziser gesetzlicher Normierung in formalisierte dogmatische Argumente übersetzt werden müßten, offen zum Tragen zu bringen. Davon zeugen das Engagement und die ambitionierten Begründungen in vielen der wiedergegebenen Entscheidungen, die ersichtlich alles andere als formale Deduktion „darstellen".

Trotzdem sind die Beschränkungen allzu offensichtlich, die sich das Vorhaben auferlegen würde, richterliche Entscheidungsprozesse allein

---

[1] *Lundberg*, Administrative Decisions, S. 17.
[2] *Lautmann*, Justiz — die stille Gewalt, S. 175 ff.
[3] *Lautmann*, S. 18.
[4] *Lautmann*, S. 27.

aus der Analyse veröffentlichter Urteile heraus zu rekonstruieren: nur ein Bruchteil aller Entscheidungen wird veröffentlicht, Sachverhalt (bzw. das, was die Tatsacheninstanz an ihm für relevant befand) und Entscheidungsgründe sind in den Fachzeitschriften oft nicht vollständig abgedruckt, die Veröffentlichung von dissenting opinions nicht zulässig[5]. Weiter fällt auf, daß sich in unserer Entscheidungssammlung kaum erstinstanzliche Urteile finden[6]. Hier zeigen sich die Schattenseiten unserer auf die Obergerichte fixierten Publikationspraxis. Diese hat zwar für ihre Restriktion gute Gründe; das ändert aber nichts daran, daß die Erforschung der Arbeitsweisen der Eingangsinstanz durch die Enge des Faktenmaterials erschwert wird.

Dies also die Vorbehalte, unter denen alles steht, was im Folgenden mit empirischem Anspruch vorgetragen wird.

Die entscheidungstheoretischen Annahmen auf der anderen Seite kranken an der eingangs erwähnten Unsicherheit.

Trotz dieser Beschränkungen soll in diesem Teil der Arbeit der Versuch unternommen werden, das Wachstum unseres Unlauterkeitsrechts als eines typischen Fallrechts zu beschreiben und teilweise zu erklären sowie die herausragende Rolle zu verdeutlichen, die Folgenerwägungen in diesem Prozeß spielen.

II. Regelvollzug und Regelbildung im Unlauterkeitsrecht

1. Regelvollzug

Die weitaus meisten Streitigkeiten, die unter Berufung auf § 1 UWG vor die Gerichte gebracht werden, lassen sich anhand von obergerichtlicher Rechtsprechung sowie einschlägiger Kommentarliteratur hinsichtlich der Rechtsfrage verhältnismäßig problemlos entscheiden. Die erstere stellt einen unübersehbaren Vorrat an halbwegs fertigen Konfliktlösungsmustern einschließlich der die Verständigung erleichternden Schlagwortcodes („cash and carry", „Betonzusatzmittel", „Blockeis II" usw.) bereit, die letztere bemüht sich um Systematisierung und Fallgruppenbildung, die eine reibungslose Einordnung und Ableitung aktueller Entscheidungen in das bzw. aus dem bereits vorhandenen posi-

---

[5] *Eikenberg* sieht noch ein weiteres Hindernis für die Verwertung von Entscheidungsgründen: der hierarchische Aufbau von Kammern und Senaten dämpfe die Neigung, „bei wertorientierten Kontroversen offener Farbe zu bekennen, von welchen verfassungspolitischen Zielen und von welchen Wertvorstellungen sie sich leiten lassen" (JbRSozRTh I, S. 366).

[6] Ausnahmen: Fall 22 und Fn. 117.

tiven Richterrecht ermöglichen soll: das ist oder ist nicht ein „Fall" von Fortschrittsvergleich, psychologischem Kaufzwang usw.

So lange der Richter sich an diese vorgefertigten Regeln hält, geht er mit ihnen nicht viel anders um als mit Vorschriften des Gesetzesrechts. Ob er sie als verbindlich anerkennt, entscheidet er selbst: de jure bindende Präjudizien kennt unser Zivilrecht nicht. De facto ist allerdings — wie bereits erwähnt — die Neigung stark, sich zumindest an Vorentscheidungen des BGH und des „eigenen" OLG zu halten. Diese Praxis garantiert eine hochgradige Stabilität von Präjudiziensystemen wie dem Unlauterkeitsrecht.

2. Regelbildung

Die andere Seite einer Fallrechtsordnung ist die relative Offenheit gegenüber neuartigen Problemen, Fallkonstellationen und Interessenkonflikten. Daß beispielsweise „Anzapfen" und „Eintrittsgelder"[7] heute als unzulässig gelten, ist Folge einer juristischen Problematisierung dieser Praktiken durch die Erhebung entsprechender Klagen vor den Gerichten. Das OLG Düsseldorf konnte sich bei der Beantwortung der Frage, ob die beanstandete Handlungsweise erlaubt sei, auf keine Vorentscheidung stützen, das OLG Frankfurt nur auf das Düsseldorfer Urteil. Beide Entscheidungen waren folglich nicht bzw. kaum vorprogrammiert: nicht durch eine feststehende Rechtsprechung und schon gar nicht durch § 1 UWG, der die Unbestimmtheit der Rechtslage im Gegenteil offenhält.

In diesen Fällen erwächst dem Richter eine Regelungsaufgabe, wie oben im Hinblick auf die Delegationsfunktion des § 1 und die Konvergenz von Rechtsprechung und Gesetzgebung zu zeigen versucht wurde. Diese Konvergenz hat ihren Grund ja nicht zuletzt darin, daß die Gerichte an den sozialen Konflikten „näher dran" sind und mit deren Interessengegensätzen früher und unmittelbarer konfrontiert werden als der Gesetzgeber.

Man kann diese Fälle, in denen eine „fertige", „anwendbare"[8] Regel nicht vorliegt, als „Problemfälle" bezeichnen. Ihr Charakteristikum liegt hinsichtlich der Entscheidungsfindung darin, daß sie eine Wahl-

---

[7] Vgl. o. 3. Teil, Fälle 15 und 16.

[8] Die Anführungszeichen sind als Tribut an die heute schon zum Gemeinplatz gewordene Erkenntnis zu werten, daß Regeln aller Art eine problemlose „Anwendung" durch syllogistischen Schluß nur um den Preis der Selbsttäuschung über die bei der Prämissenaufbereitung eingebrachten Vorverständnisse von Begriffsinhalten, Regelungserfordernissen, Normzwecken usw. erlauben. Der Unterschied zur „echten" Regelneubildung scheint mir gleichwohl erheblich, dazu sogleich.

möglichkeit eröffnen: "In any such trouble case, there is... no preexisting rule of law covering the case at hand. Instead, there is a dispute about what the appropriate rule may be. If there is no clear rule applicable, the court is necessarily faced with the problem of choice: it must determine what the appropriate form and content of the rule is to be[9]."

Diese Unterscheidung von „klaren" und „Problemfällen" — wiewohl idealtypisch[10] — ist im Hinblick auf die damit implizierten unterschiedlichen Entscheidungsverfahren von großem heuristischem Wert. Im ersten Fall werden präfabrizierte Bewertungs- und Regelungsmuster — zumindest aus der Sicht des Entscheidenden — subsumtionsmäßig nachvollzogen, im letzteren wird die Regel am Fall gebildet. Pointiert: Beim Regelvollzug führt die Regel zur Fallösung, bei der Regelbildung ist es umgekehrt[11]. Dazu noch einmal *Seidman:* "Clear case and the trouble case therefore present very different problems to the judge. In the clear case, the judge discovers some preexisting, articulated legal rule, within whose core meaning fall the facts of the given case. In the trouble case, on the other hand, the judge must fashion a new rule ex post facto, which will simultaneously determine the cause at hand, and act in futuro to control similar cases[12]."

Entscheidungstheoretisch entspricht der Unterscheidung von „klarem" und „Problemfall" die von „Routine-" und „Innovationsentscheidung"[13] oder auch von „habitual behavior" und „genuine decision making"[14]: „Problemlösungsverhalten und damit echtes Entscheiden ist erst dann erforderlich, wenn das Individuum einer neuen Situation begegnet, für die es keine ‚passende' Reaktion besitzt. Es entsteht ein

---

[9] *Seidman*, 32 Mod. L. R. (1969), S. 521.

[10] In mehrfacher Hinsicht: Zum einen können sich bereits aus der subjektiven Sicht des Richters Zweifel an der „Klarheit" des Falles ergeben, d. h. an der „Einschlägigkeit" der fraglichen Norm und am Vorliegen des vorausgesetzten Sachverhalts (dies die beiden Kriterien des „clear case" nach *Seidman*, S. 520 f.). Zum anderen erfordert schon die Qualifizierung eines Falles als in diesem Sinne „klar" eine entsprechende Auslegung, wie auch die Feststellung eines „Problems" bereits die Bewertung des routinemäßigen Entscheidungsergebnisses als unerwünscht voraussetzt. „Grundsätzlich ist der Wortlaut einer Rechtsnorm ohnehin nur dann ‚klar', wenn das ins Auge gefaßte Ergebnis nicht schockiert." (*Esser*, Vorverständnis und Methodenwahl, S. 172.)

[11] Auch diese Gegenüberstellung ist selbstverständlich überspitzt. Wahlfreiheit und Regelgebundenheit fließen im praktischen Entscheidungsprozeß immer zusammen. Trotzdem ist die gedankliche Trennung beider Elemente für heuristische Zwecke sinnvoll, ebenso *Dickinson*, 79 U. of Pa. L. R. (1931), S. 843.

[12] *Seidman* (Fn. 9), S. 522.

[13] *Naschold*, Organisation und Demokratie, S. 59 f.

[14] *Katona*, Rational Behavior and Economic Behavior, S. 53.

Problem. Das Individuum ist gezwungen, alternative Problemlösungen zu suchen, Prognosen über mögliche Konsequenzen aufzustellen und eine Alternative auszuwählen[15]."

III. Der Entscheidungsprozeß

1. Auflösung von Entscheidungssituationen durch Folgenorientierung

Ob die Wahlmöglichkeit des Problemfalls eröffnet wird durch den Zweifel an der Einschlägigkeit dieser oder jener Norm bzw. Normengruppe, die Auslegungsbandbreite einer einzelnen gesetzlichen oder justiziellen Regel oder die Existenz mehrerer dogmatischer „Theorien" — in jedem Fall beinhaltet die Entscheidung neben der Schlichtung des aktuellen Streitfalls einen Verweis in die Zukunft als präjudizielles Regelungsschema. Die letztgenannte Funktion kann sie allerdings nur erfüllen, wenn die rationes decidendi in nachvollziehbarer Weise offengelegt werden — eine Forderung, der etwa das Reichsgericht in nur sehr unvollkommenem Maße gerecht wurde[16]. Nicht zuletzt der Tatsache, daß der BGH in der Rechtsprechung zu § 1 UWG das Versteckspielen hinter Leerformeln weitestgehend zugunsten einer argumentativen Begründungsweise aufgegeben hat, verdanken wir das Funktionieren dieses Fallrechts.

Eine der Entscheidungs- und Begründungsstrategien, die sich seit der Abdankung des Anstandsgefühls aller billig und gerecht Denkenden ausgebreitet hat, ist die Argumentation mit erstrebten oder unerwünschten Entscheidungsfolgen. Diese Umorientierung der Rechtsprechung vom Vergangenheits- an den Zukunftshorizont, von der input- an die outputgrenze[17] läßt sich in fast allen Rechtsgebieten feststellen; für den Bereich des § 1 UWG wurde sie oben belegt.

Wie sich Entscheiden unter Folgenberücksichtigung abspielen könnte, soll im Folgenden dargelegt werden, um anschließend unter IV. eine entsprechende Terminologie einführen zu können.

2. Eine utilitaristische Rechtsprechung

Eine Justiz die ihre Entscheidungen am Wert der prospektiven Ergebnisse orientiert, handelt utilitaristisch: „Der Utilitarismus be-

---

[15] *Kirsch*, Entscheidungsprozesse I, S. 66.
[16] Vgl. o. Teil 1.
[17] Zu dieser Entwicklung vgl. *Luhmann*, Rechtssystem und Rechtsdogmatik, S. 31, der ihr allerdings selbst skeptisch gegenübersteht.

III. Der Entscheidungsprozeß

hauptet, daß die ethische Richtigkeit bzw. Unrichtigkeit von Handlungen abhängt von der positiven bzw. negativen Qualität ihrer Konsequenzen: Handlungen sind richtig, insofern sie ‚Utilität' besitzen, d. h. nützlich sind durch ihre Folgen[18]."

Aber nicht nur diese allgemeine Beschreibung läßt an das Verfahren der Folgenerwägungen denken; auch zwei speziellere, regelutilitaristische Prinzipien lassen sich zwanglos bestimmten Folgenargumenten zuordnen:

a) Eine Handlung, die im allgemeinen schlechte Folgen hat, sollte nicht ausgeführt werden.

b) Eine Handlung, deren allgemeine Ausführung schlechte Folgen hat, sollte nicht ausgeführt werden[19].

Mit dem ersten Prinzip wurde in den Entscheidungen zu § 1 UWG argumentiert, in denen die (prognostizierten oder bereits eingetretenen) unerwünschten Folgen auf eine bestimmte Werbemaßnahme ohne das Dazwischentreten Dritter zurückgeführt werden konnten, etwa bei der Marktverstopfung.

Das zweite (Prinzip der Verallgemeinerung) fand in den — weit zahlreicheren — Fällen Anwendung, in denen auf die mögliche Nachahmung oder Eskalierung einer Werbestrategie durch Konkurrenten abgestellt wurde.

Mit der einfachen Feststellung, die Rechtsprechung verfahre nach utilitaristischen Prinzipien, kann ihr freilich nicht viel mehr attestiert werden als guter Wille. Die Einlösung des Anspruchs, eine „gute Ordnung" schaffen zu wollen und zu können, steht auf einem anderen Blatt. Denn: Welche Folgen „gut" oder „schlecht" sind, welche „besser" sind als andere — darüber macht der Utilitarismus als eine Theorie der „Verpflichtungsurteile", nicht der „Werturteile"[20] keine Aussagen. Auch die Möglichkeit oder Unmöglichkeit, alternative Folgen überhaupt vorherzusehen, ist nicht sein Problem.

Utilität kann mithin nur als Entscheidungsziel begriffen werden, das zu seiner Erreichung zweierlei bedarf: einer Wertvorgabe in der Form von Utilitätskriterien und eines geeigneten Verfahrens, dieses Zweckprogramm in die Tat umzusetzen. Beides leistet ein Komplex von Entscheidungsschritten, den wir mit einem Terminus von Noll[21] als „konkretisierende Komparation" bezeichnen wollen.

---

[18] *Hoerster*, Utilitaristische Ethik und Verallgemeinerung, S. 11.
[19] Vgl. ausführlich *Hoerster*, S. 29 ff.
[20] *Hoerster*, S. 9, 13.
[21] Gesetzgebungslehre, S. 125 ff.

3. Konkretisierende Komparation

Es handelt sich hierbei um eine Entscheidungsstrategie, die für die Entwicklung von Fallrechtsordnungen typisch ist[22], sich aber auch auf andere, etwa im engeren Sinne politische Problemlösungen anwenden läßt.

Ausgangspunkt ist eine Wahlsituation, d. h. die Existenz mehrerer Entscheidungsmöglichkeiten, also im justiziellen Bereich mehrerer anwendbarer Normen oder Interpretationsmöglichkeiten.

Der erste Entscheidungsschritt besteht in der *Konkretisierung* aller erwogenen Normen und Normalternativen, d. h. ihrer gedanklich-experimentellen Ausführung und der Prognose jeweils zu erwartender Folgen und Auswirkungen einer bestimmten Normwahl.

Der anschließende *Vergleich* betrachtet die voraussichtlichen Regelungsergebnisse und bezieht aus ihrer Bewertung anhand bestimmter Präferenzen das Entscheidungskriterium für den Vorzug einer Norm(alternative) vor der/den anderen.

Zusammenfassend ließe sich der Prozeß der Lösung eines Problemfalles also wie folgt beschreiben:

a) Problematisierung: eine Routineentscheidung wäre unbefriedigend.

b) Alternativensammlung: verschiedene Normen und/oder Auslegungsmöglichkeiten, die u. U. zu unterschiedlichen Rechtsfolgen führen.

c) Konkretisierung der Normen und ihrer alternativen Verständnismöglichkeiten.

d) Einführung einer wertenden Vorzugsregel.

e) Vergleich: dieser Wertpräferenz dient nur/besser die Entscheidungsalternative *n* einschließlich ihrer prospektiven Auswirkungen.

f) Auswahl: die Alternative *n* wird ausgewählt.

g) Ausführung.

In Übereinstimmung mit der modernen Entscheidungstheorie wird nicht mehr die Alternativenwahl selbst als „Entscheidung" angesehen, sondern nur noch als Bestandteil, gewissermaßen Kulminationspunkt einer als *Prozeß* verstandenen Entscheidung[23].

---

[22] Vgl. zum US-amerikanischen Recht etwa *Dickinson*, 79 U. of Pa. L. R. (1931), S. 862 ff.; *Weiss*, Die Theorie der richterlichen Entscheidungstätigkeit in den Vereinigten Staaten von Amerika, S. 41 ff.

[23] Vgl. etwa *Lundberg* (Fn. 1), S. 20 f.; *Kirsch* (Fn. 15), S. 61 ff.; *Lautmann*, JbRSozRTh I (1970), S. 387.

Die Einzeloperationen dieses Prozesses dürfen auch nicht als jeweils in sich abgeschlossen und zu den anderen Schritten als notwendig vor- bzw. nachgeordnet betrachtet werden. So kann die Problematisierung eines Falles bereits auf einer Konkretisierung (im eben genannten Sinne) der Routinenorm(auslegung) beruhen. Die Konkretisierung ihrerseits setzt, da *alle* möglichen Folgen einer bestimmten Normwahl nicht antizipiert werden können, die Betrachtung der möglichen Entscheidungsresultate und -auswirkungen unter bestimmten Sinn- und Relevanzgesichtspunkten voraus. Kurz: Der justizielle Problemlösungsprozeß verläuft nicht logisch deduktiv, in linearen Phasen, sondern ist — wie alle Entscheidungsprozesse — ein „iterativer Lern- und Kommunikationsprozeß"[24].

Einige Elemente dieses Verfahrens spiegeln die oben angeführten Konvergenzprobleme wider:

— Normative Annahmen: Was macht einen Fall zum Problem[25]? Wie werden die Vorzugsregeln, die Kriterien der Utilität gefunden, konkret etwa: was macht wirtschaftliche Konzentration unerwünscht?

— Tatsächliche Annahmen, beispielsweise: Sind Sortimentsführungsprovisionen wirklich konzentrationsfördernd? Wäre ihr Verbot durch die Gerichte ein geeignetes Mittel zu ihrer Eindämmung?

Diesen Fragen, die unmittelbar den praktischen Wert von Folgenerwägungen betreffen, wird in den letzten beiden Teilen der Arbeit weiter nachgegangen.

4. Konkretisierende Komparation in Rechtsprechung und Gesetzgebung

Von der konkretisierenden Komparation wird mit Recht behauptet: „Diese Operation wird vom Gesetzgeber und vom Richter tagtäglich vollzogen[26]." Diese Gleichsetzung darf über zwei wesentliche Unterschiede, genauer: Beschränkungen richterlicher Normbildung nicht hinwegtäuschen:

a) Fallgebundenheit justizieller Zielwahl:

Problemimpulse, die „trouble cases" schaffen, erreichen den Richter nur durch konkrete Rechtsstreitigkeiten (oder erreichen ihn eben nicht).

---

[24] *Lutterbeck*, Entscheidungstheoretische Bemerkungen zum Gewaltenteilungsprinzip, S. 193.
[25] Darauf wird im folgenden nicht weiter eingegangen. Wie gering die Bindung der — zumindest obergerichtlichen — Praxis an etablierte dogmatische Figuren ist, wenn diese einem Ergebnis im Wege stehen, das gerecht und notwendig erscheint, verdeutlicht *Esser*, AcP 1972, 97 ff.
[26] *Noll* (Fn. 21), S. 126 mit Beispielen.

98   4. Teil: Folgenerwägungen im Entscheidungsprozeß

Dem legislatorischen Aufgreifen sozialer Konflikte steht ein solcher Filter nicht im Wege[27]. So könnte etwa kein Gericht, selbst wenn es wollte, die Werbung für Zigaretten generell wegen der erwiesenen Gesundheitsschädlichkeit des Zigarettenrauchens verbieten[28], solange nicht eine Klage in dieser Richtung erhoben wird — was jedenfalls von den Wettbewerbern in der Tabakbranche kaum zu erwarten ist.

b) Beschränkte Mittelwahl der Gerichte:

Der Gesetzgeber hat in aller Regel viel differenziertere Möglichkeiten, einem Problemimpuls zu begegnen und die soziale Wirklichkeit in seinem Sinne zu beeinflussen. Entsprechend wächst die Zahl der notwendigen Konkretisierungen. Gerichte haben demgegenüber im konkreten Fall letztlich — mögen die Auslegungsbandbreiten noch so weit sein — nur wenige, formalisierte Entscheidungsmöglichkeiten: (Teilweise) Stattgeben oder Zurückweisen der Klage bzw. der Revision und Hinwirken auf einen Vergleich in den Tatsacheninstanzen. Die konkretisierende Komparation wird dadurch zwar erleichtert, die Möglichkeit differenzierter Sozialsteuerung aber zugleich stark eingeschränkt[29]. Eine gewisse Kompensation dieses Mangels ist wiederum durch eine großzügige Verwendung von obiter dicta möglich.

*5. Betriebliche und politische
Entscheidungstheorien in der Rechtswissenschaft?*

Die eben genannten Besonderheiten justizieller Problemlösungskapazität lassen erkennen, warum Entscheidungstheorien und -modelle aus Betriebswirtschaft und Politikwissenschaft auf die Rechtsprechung auch dann nur sehr bedingt anwendbar sind, wenn diese nicht mehr als konditional programmiert begriffen wird. Nach wie vor fehlt die Freigabe der Mittelwahl an der output-Seite des juristischen Entscheidungssystems, weshalb oben[30] bereits die Deutung gesetzlicher Generalklauseln als Zweckprogramme abgelehnt wurde.

Die an Regierung und betrieblichem Management orientierten Entscheidungsmodelle stellen aber — für ihre Zwecke aus gutem Grund — gerade auf ein weites Spektrum möglicher Verhaltensweisen verbunden

---

[27] Daß aus anderen Gründen die Reizschwelle des Gesetzgebers höher liegt als die der Gerichte, wird damit nicht verkannt.
[28] Die Volksgesundheit wurde als relevanter Abwägungsgesichtspunkt für § 1 UWG anerkannt in RGZ 149, 224 (229 ff.); BGHZ 22, 167 — „Arzneifertigwaren"; BGH GRUR 1967, 592 — „Gesunder Genuß".
[29] Vgl. unten Teil 6.
[30] Vgl. oben Teil 2 II 3.

mit einer höchstens durch „Sachzwänge" getrübten Autonomie bei der Zielwahl ab. Sie haben etwa folgende Gestalt[31]:

1. Hauptphase: Verhalten vor der Entscheidung
   — Formulierung des Wertsystems (Zielsuche)
   — Suche der Information
   — Formulierung alternativer Möglichkeiten
2. Hauptphase: Entschluß (für eine Möglichkeit)
3. Hauptphase: Verhalten nach der Entscheidung
   — Realisation
   — Kontrolle

Selbst bei juristischen Problemfällen — von Routineentscheidungen ganz abgesehen — stehen die Zweckerwägungen nicht derart im Vordergrund, daß sie zusammen mit den Postulaten ökonomischer Rationalität den gesamten Entscheidungsprozeß steuerten.

Nur Entscheidungsmodelle auf sehr hohem Abstraktionsniveau, die das Zweck-Mittel-Schema nicht derartig in den Vordergrund stellen, umfassen auch unser Modell der Regelbildung, etwa das von *Simon*:

"Decision making comprises three principal phases: finding occasions for making a decision; finding possible courses of action; and choosing among courses of action[32]."

Oder das von *Lundberg*:

"In the broadest sense we can identify three general classes of behavior... which logically seem to be comprehensive of a total decisioning cycle. These three behaviors are: (1) problem recognition or awareness, (2) doing something with information, and (3) choice[33]."

Eine umfassende deskriptive Theorie justiziellen Entscheidens steht noch aus, obwohl wir bereits vielversprechende Ansätze[34] und einen umfangreichen Problemkatalog[35] besitzen. Solange es dabei bleibt, sind

---

[31] Nach *Lutterbeck* (Fn. 24), S. 191 (der ihnen in dieser Form allerdings skeptisch gegenübersteht); vgl. ferner etwa *Kirsch* (Fn. 15), S. 73 m. w. N.; *Hopt*, BB 1972, 1020 und zur Planungstheorie *Gäfgen*, Theorie der wirtschaftlichen Entscheidung, S. 101.
[32] The New Science of Management Decision, S. 1.
[33] Ebda. (Fn. 1), S. 24.
[34] Etwa bei *Lautmann* (Fn. 2), pass.; *Rottleuthner*, Rechtswissenschaft als Sozialwissenschaft, S. 91 ff., sowie bereits aus Weimarer Zeit *Bendix*, Zur Psychologie der Urteilstätigkeit des Berufsrichters und *Kahn-Freund*, Das soziale Ideal des Reichsarbeitsgerichts. Zum Stand der US-amerikanischen Forschung vgl. *Weiss* (Fn. 22), pass.
[35] *Lautmann*, JbRSozRTh I, S. 381 ff.; vgl. ferner *Eikenberg* (Fn. 5).

wir auf ad-hoc-Modelle der oben (3.) am Beispiel der konkretisierenden Komparation aufgestellten Art angewiesen. Möglicherweise wären deren Vermehrung und kritische Vergleichung lohnende Schritte auf dem Weg zu einer allgemeinen Beschreibung richterlichen Handelns.

IV. Folgenerwägungen: Terminologie

Das Verfahren der konkretisierenden Komparation und folglich der zentrale Abschnitt im Prozeß justizieller Normbildung ist, so viel können wir jetzt schon sagen, ohne Folgenerwägungen nicht durchführbar. Wir hatten gesagt, verglichen würden dabei die „Regelungsergebnisse". Es wird nunmehr erforderlich, diese und andere Termini definitionsmäßig einzuführen.

1. „Ergebnis"

Unter „Ergebnis" werden gemeinhin „gar nicht die Realfolgen in der gesellschaftlichen Umwelt, sondern nur die rechtlich fixierten Entscheidungen selbst mitsamt ihren unmittelbaren Rechtswirkungen"[36] verstanden.

Zumindest für die Zwecke dieser Arbeit erscheint es sinnvoller, „Ergebnis" als den umfassendsten Begriff der Folgen richterlicher Tätigkeit einzuführen. Er untergliedert sich dann in Rechtsfolgen und Entscheidungsfolgen.

2. „Rechtsfolgen"

Das erste und greifbarste Ergebnis von Justizpraxis ist der Ausspruch einer gesetzlich vorgesehenen Rechtsfolge: der Verpflichtung zur Vertragserfüllung, der Verurteilung zu einer Freiheitsstrafe, der Aufhebung eines Verwaltungsakts, Scheidung einer Ehe etc. oder die Ablehnung eines solchen Ausspruchs, also Klagabweisung, Freispruch etc. Die Gewinnung des materiellen Rechts wird gesteuert und begleitet von weiteren Rechtsnormen und -folgen: denen des Verfahrensrechts, Kostenrechts usw.

Die explizite oder unausgesprochene Reflexion über die Richtigkeit, Angemessenheit, Akzeptierbarkeit usw. der möglichen Rechtsfolgen im gerichtlichen Verfahren ist ein alltäglicher Vorgang. Ein aufgrund des richterlichen „Judizes" erwogener Rechtsfolgeausspruch kann bereits als solcher so unbefriedigend[37] erscheinen, daß er zu einem ande-

---

[36] *Luhmann* (Fn. 17), S. 40.
[37] „Das Spektrum des subjektiven Unbehagens, das die Auslegung begleitet, reicht von ‚unerwünscht', ‚einseitig', ‚unannehmbar' bis zu ‚unbe-

ren Normverständnis hinlenkt oder aber zur Wahl einer anderen gesetzlichen Grundlage. Würde etwa die Anrechnung einer „überobligationsmäßigen" Leistung des Geschädigten (d. h. einer Schadensabwendung oder -minderung über das in § 254 II 1 BGB geforderte Maß hinaus) den Schädiger „unbillig entlasten", lehnt man eine Vorteilsausgleichung ab und nimmt einen „normativen Schaden" an[38].

Die Berücksichtigung der Rechtsfolgen selbst sowie ihrer Durchsetzung (z. B. Strafvollzug, Zwangsvollstreckung, Auseinandersetzung einer Gesellschaft) interessiert im Folgenden nur noch insofern, als sie zum Anlaß und Ausgangspunkt der Erwägung (weitergehender) Entscheidungsfolgen genommen wird.

3. „Entscheidungsfolgen"

Alle weiteren Konsequenzen, die sich aus dem Ausspruch der Rechtsfolgen bezw. der Verweigerung eines solchen Ausspruchs ergeben, sollen hier als Entscheidungsfolgen bezeichnet werden. Es liegt auf der Hand, daß so verstandene Entscheidungsfolgen nach Zahl und Art äußerst vielfältig, ja unübersehbar sind.

a) Individualfolgen:

Zuerst ist auch hier an die Verfahrensbeteiligten zu denken. Entscheidungsfolgen ergeben sich hier bereits im unmittelbaren Umkreis des Verfahrens, wenn etwa der Unterlegene das Urteil nicht akzeptiert, „sein gekränktes Recht immer wieder hervorholt, immer wieder den Schorf von den Wunden kratzt"[39]. Aber auch bei gelungener Befriedung des Streits können die Entscheidungsfolgen für die Betroffenen erheblich sein. Wird etwa einem Handelsvertreter der Führerschein entzogen, so kann dies schwerwiegende Konsequenzen für sein berufliches Fortkommen haben, u. U. auch einen sozialen Abstieg seiner ganzen Familie bedeuten. Ähnliche persönliche Folgeprobleme können sich insbesondere bei miet-, sozial- und arbeitsrechtlichen Entscheidungen, im Bereich des Verwaltungs- und natürlich des Strafrechts ergeben.

Die Berücksichtigung solcher, wie man sie nennen könnte: Individualfolgen bei der Rechtsgewinnung wird vom Richter grundsätzlich nicht

---

friedigend' und ‚unbillig', ‚hart' ... ‚schlechterdings untragbar'." (*Ecker*, JZ 1967, S. 270 f.)
[38] BAG NJW 1958, 221.
[39] *Luhmann*, Legitimation durch Verfahren, S. 33. *Lautmann*, DRiZ 1970, 163 will als „Urteilskonsequenzen" nur solche unmittelbar auf die prozeßführenden Parteien bezogenen Folgen verstanden wissen. Der Richter, der eine „sozial erfolgreiche" Entscheidung treffen wolle, habe sich bei seinem Urteil zu fragen, „ob es geeignet ist, zwischen den Beteiligten Frieden zu stiften".

verlangt. Im Gegenteil: derartige Individualisierungen von Entscheidungen gerieten sehr schnell in den Verdacht der Parteilichkeit und damit der Verletzung des Grundsatzes der Gleichheit vor dem Gesetz. Gegenüber Individualfolgen hat sich der Richter also grundsätzlich indifferent zu verhalten.

Etwas anderes gilt, wenn das formelle Gesetzesprogramm selbst den Entscheidenden ausdrücklich oder implizit anweist, derartige Individualfolgen zu berücksichtigen, wie es etwa geschehen ist in § 73 c I 1 StGB (keine Anordnung des Verfalls bei „unbilliger Härte"), § 829 BGB (Wegfall der Schadenshaftung aus Billigkeitsgründen, wenn dem Ersatzpflichtigen „die Mittel entzogen werden, deren er zum angemessenen Unterhalte sowie zur Erfüllung seiner gesetzlichen Unterhaltspflichten bedarf"), § 564 b II Nr. 3 BGB („berechtigtes Interesse des Vermieters an der Beendigung des Mietverhältnisses, wenn... der Vermieter durch die Fortsetzung des Mietverhältnisses an einer angemessenen wirtschaftlichen Verwertung des Grundstückes gehindert und dadurch erhebliche Nachteile erleiden würde") oder § 48 III EheG a. F. (keine Ehescheidung, „wenn das wohlverstandene Interesse ... minderjähriger Kinder ... die Aufrechterhaltung der Ehe erfordert").

Die Grenze zwischen erlaubter und unzulässiger Berücksichtigung von Individualfolgen ergibt sich danach durch die Auslegung der einschlägigen Gesetze selbst. Die Einbeziehung von Folgen, die eine Ehescheidung für die Kinder hätte in das Scheidungsverfahren ist durch § 48 III EheG a. F. sanktioniert. Müßte der Richter hingegen von ähnlich nachteiligen Folgen für einen der Partner ausgehen (z. B. Alkoholismus, Delinquenz), so böte ihm das formelle Entscheidungsprogramm[40] keinen Einstieg zur Berücksichtigung derartiger Entscheidungsfolgen. Inwieweit solche Überlegungen in das informelle Programm Eingang finden, mag hier dahinstehen.

b) Sozialfolgen:

Entscheidungsfolgen können aber auch weit über den Rechtskreis der Verfahrensbeteiligten hinauswirken. Hier sei insbesondere verwiesen auf die durch faktische Präjudizienbindung zustandekommende Generalisierung von Konfliktlösungen insbesondere der Obergerichte. Die Gleichförmigkeit der Justizpraxis, ja bereits die Erwartung derselben führen — ganz ähnlich wie bei den Gesetzen — dazu, daß sich die Rechtsgenossen auf die richterlichen Normen einstellen und sie be-

---

[40] Zur Unterscheidung von „formellem" und „informellem" Entscheidungsprogramm vgl. *Lautmann*, Justiz — die stille Gewalt, S. 18, 24; *Rottleuthner*, Richterliches Handeln, S. 61 ff.

folgen. Dieses Phänomen hatten wir bereits als einen wichtigen Aspekt der quasi-legislatorischen Funktion von Rechtsprechung hervorgehoben[41].

Auch *Lüscher* unterscheidet die Entscheidungsfolgen in unserem Sinne, wenn er die „Folgen für die unmittelbar Beteiligten" den „Folgen aus der präjudizierenden Wirkung des Urteils"[42] gegenüberstellt. Es verdient aber noch einmal hervorgehoben zu werden, daß die präjudizierende Wirkung auf andere Gerichte nur eine Zwischenstation auf dem Weg zur Bewirkung der eigentlichen „Sozialfolgen" ist: der Beeinflussung des Verhaltens derjenigen, an die sich die Regeln des Richterrechts wenden[43].

Durch eine derartige Normierung sozialer Sachverhalte wirkt die Justizpraxis für die Gesetzgebung in entlastender, oft aber auch stimulierender Weise. Die Legislative kann die von der Justiz geschaffenen Ordnungen akzeptieren oder aber, angesichts politischer Mißstände, von ihrer Rechtsetzungsprärogative Gebrauch machen.

4. „Output" / „Outcome"

Outcomes sind die Folgen von Outputs[44]. Um die Bedeutung dieser kybernetischen Begriffe hinsichtlich der Folgen justizieller Verfahren zu klären[45], scheint es am sinnvollsten, sie synonym mit der Unterscheidung von Rechts- und Entscheidungsfolgen zu gebrauchen. Output des Verfahrens wären demnach die prozeßbegleitenden und -abschließenden Rechtsfolgeanordnungen und gegebenenfalls ihre tatsächliche Durchsetzung[46]. Als Outcome wären hingegen die weiteren Auswirkungen der Entscheidungen, also die oben sog. individuellen und sozialen Entscheidungsfolgen zu bezeichnen[47].

---

[41] Vgl. o. Teil 2 II 5 sowie *Dickinson* (Fn. 22), S. 846 f.

[42] *Lüscher*, Jurisprudenz und Soziologie, S. 87.

[43] Dessen ist die obergerichtliche Rechtsprechung sich völlig bewußt, vgl. etwa BGH GRUR 1965, 489 (491) — „Kleenex" (Teil 3 Fall 10), wo davon die Rede ist, „das in die Zukunft wirkende Urteil" müsse „die von ihm selbst ausgehende Wirkung — hier die etwaige Zulassung der Wettbewerbsmaßnahme — im Rahmen der zu Gebote stehenden Beurteilungsgrundlagen mitberücksichtigen".

[44] Vgl. *Easton*, A Systems Analysis of Political Life, S. 351 f. "In short, an output is the stone tossed into the pond and its first splash; the outcomes are the ever widening and vanishing pattern of concentric ripples. The actual decisions and implementing actions are the outputs; the consequences traceable to them, however long the discernible chain of causation, are the outcomes." (S. 352).

[45] s. schon oben Teil 2 II 4 (insbes. Fn. 23).

[46] Vgl. *Easton* (Fn. 44), S. 351: "Outputs produced by the authorities include the binding decisions, their implementing actions and ... certain associated kinds of behavior."

[47] Ähnlich wohl auch *Rottleuthner* (Fn. 34), S. 128.

5. „Folgenerwägungen"

Wir knüpfen an die unter II. getroffene Unterscheidung von Regelbildung und Regelvollzug an und differenzieren entsprechend:

a) Regelbildende Folgenerwägungen:

Im Hinblick auf das Verfahren der konkretisierenden Komparation soll „Folgenerwägungen" als Oberbegriff für drei Operationen verstanden werden.

aa) Folgenprognose

Die Vorstellungen des Entscheidenden über die zu erwartenden Auswirkungen bei hypothetischer Durchführung der einzelnen Entscheidungsalternativen sollen als „Folgenprognose" bezeichnet werden.

bb) Folgenbewertung

Insofern die prognostizierten Entscheidungsfolgen als erwünscht oder unerwünscht, erstrebens- oder ablehnenswert betrachtet werden (aus welchen Gründen immer), sollen derartige Erwägungen „Folgenbewertung" heißen.

cc) Folgenberücksichtigung

„Folgenberücksichtigung" soll die Einbringung der Folgenbewertung in den Entscheidungsprozeß genannt werden, die sich auf die Auswahl zwischen den Normalternativen auswirkt und damit u. U. — bei unterschiedlichen Rechtsfolgen der Normvorschläge — auch das Ergebnis der Entscheidung beeinflussen.

b) Regelvollziehende Folgenerwägungen:

Es war bereits[48] von gesetzlichen Normen die Rede, die den Richter zur Vergegenwärtigung von Entscheidungsfolgen und deren Einbringung in den Rechtsgewinnungsvorgang anweisen. Inhaltlich vergleichbare Aufforderungen können auch in Normen des Richterrechts enthalten sein. So wird sich etwa ein Instanzgericht, das mit der kostenlosen Verteilung von Anzeigenblättern befaßt ist, heute aufgrund einer feststehenden Rechtsprechung damit beschäftigen, welche Auswirkungen die Verbreitung dieses Blattes voraussichtlich auf das Anzeigenaufkommen der „seriösen" Presse haben wird[49]. Folgenerwägungen dieser Art, die für den Vollzug einer im wesentlichen präexistenten Regel angestellt werden, sollen „regelvollziehende Folgenerwägungen" genannt werden.

---

[48] Oben 3.
[49] Vgl. Teil 3 Fälle 26, 27.

Ihre Durchführung erschöpft sich im wesentlichen in der Prognose, die die Regel vom Anwender verlangt. Regelvollziehende Folgenerwägungen sind daher in doppelter Hinsicht von weniger brisanter Problematik als regelbegründende: Zum einen knüpft die Prognose nicht an die hypothetische Durchführung oder Ablehnung verschiedener Normen oder Auslegungsmöglichkeiten, sondern nur an den vorgetragenen Lebenssachverhalt an; zum anderen beschränkt sich auch die Wertungsarbeit auf das Bemühen um Nachvollzug des in der Regel enthaltenen Normzwecks.

V. Folgenerwägungen und sozialrechtliche Unlauterkeit

Schließlich soll im Kontext der Beschreibung von Entscheidungen einem möglichen Zusammenhang von Folgenerwägungen und jenen Schutzwecken des wettbewerblichen Unlauterkeitsrechts nachgegangen werden, die — jenseits des reinen Konkurrentenschutzes — unter der Sammelbezeichnung „sozialrechtlich" firmieren.

Bei der Durchsicht der oben aufgeführten Fälle erscheint bemerkenswert, daß sich neben Folgenerwägungen zwar vielfach Hinweise auf schützenswerte Interessen von Wettbewerben und Verbrauchern finden, daß Folgenerwägungen selbst aber nur im Hinblick auf entfernte (Rechts-)Güter angestellt werden, die oft sogar aus dem Ordnungsgebiet „Wettbewerb" herausfallen.

Nun verlangen auch die weitaus meisten Unlauterkeitsfallgruppen keine Folgenprognosen. Ob ein Produkt nachgeahmt, ein Angestellter bestochen oder ein Konsument unzulässig in seinem Kaufentschluß beeinflußt wurde — all das macht lediglich die Aufklärung vergangener Sachverhalte erforderlich.

Verwundern muß hingegen, daß sich auch bei regelbildenden Innovationsentscheidungen wie dem etappenweisen Ausbau des Verbraucherschutzes durch § 1 UWG keine expliziten Gedanken über mögliche soziale Fernwirkungen dieser Rechtsprechung finden. Ob oder inwieweit sie lediglich unausgesprochen geblieben sind, ist durch Rechtsprechungsanalysen der oben durchgeführten Art nicht zu erkunden.

Dort, wo Folgenerwägungen angestellt werden, wäre ihre Beziehung zu den jeweiligen Unlauterkeitsbezügen dadurch zu erklären, daß man eines jeweils als durch das andere bedingt ansieht: gewisse Fallgruppen der sozialrechtlichen Unlauterkeit implizieren Folgenerwägungen, weil ihr Vorliegen anders nicht festgestellt werden kann; oder: Folgenerwägungen haben zur Herausbildung der sozialrechtlichen Tatbestände geführt.

a) Für regelvollziehende Folgenerwägungen ist die Frage verhältnismäßig einfach zu beantworten: Hier ist es das vorgesehene (gesetzliche oder präjudizielle) Programm, dessen Umsetzung gelegentlich auf Folgenprognosen angewiesen ist.

b) Anders steht es mit regelbildenden Folgenerwägungen. Zwar steht auch hier historisch als Ausgangspunkt eine allgemeine Zwecksetzung, nämlich die Entscheidung für eine sozialrechtliche Unlauterkeit, d. h. die zukünftige Berücksichtigung von Belangen der Allgemeinheit bei der Konkretisierung des § 1 UWG[50]. Man könnte daher meinen, daß die spätere Ausbreitung von Folgenerwägungen nur die logische Folge jenes einmal formulierten Anspruches der Rechtsprechung gewesen sei, durch ihre Handhabung des UWG einen Beitrag zur „guten Ordnung" des Gesellschaft leisten zu wollen und zu können.

Indes würde damit nur die eine Seite der Beziehung zwischen den einzelnen materiellen Unlauterkeitsregeln und Folgenerwägungen ins Blickfeld geraten. Tatsächlich ist die Zweckvorgabe „Allgemeinheitsschutz mit § 1 UWG" viel zu diffus, um in einem konkreten Fall Folgenerwägungen anzuregen. Zusätzlich bedarf es stets eines aktuellen Problembewußtseins, das oft nur durch ein spontanes „Wo kämen wir da hin?" geweckt wird, das zu seiner Rechtfertigung zwar auf den allgemeinen Schutzzweck verweisen kann, zugleich aber die Grundlage für die Herausbildung einer bestimmten neuen Fallgruppe legt.

Diesem Aspekt entspricht auch das oben als konkretisierende Komparation beschriebene induktive Vorgehen, das die konkrete, am Fall gebildete Norm aus einem Vergleich der Regelungsergebnisse gewinnt.

Dieses komplizierte Spiel gegenseitiger Beeinflussung von mehr oder weniger allgemeinen Regeln und Grundsätzen einerseits, Folgenerwägungen andererseits ist mit der vorliegenden Rechtsprechung allerdings schwer zu belegen. Das hat seinen Grund wiederum darin, daß die Urteilsgründe zwar meist die ratio, nie aber die Genese der Entscheidung widerspiegeln. Vor allem das Reichsgericht war viel zu sehr auf eine deduktive Darstellungsweise bedacht, als daß es nicht den Grundsatz der sozialrechtlichen Unlauterkeit in den Vordergrund gestellt hätte, um Folgenerwägungen anschließend als reine Subsumtionsschritte auszugeben[51].

---

[50] Vgl. die in der Einleitung angeführten Leitentscheidungen RGZ 120, 47 — „Markenschutzverband" und RGZ 128, 330 — „Graf Zeppelin".
[51] Vgl. Teil 3 Fälle 1 und 2.

Auch der BGH stellt seine Zwecksetzungen oft voran, um anschließend ihre Förderung oder Beeinträchtigungen mittels Folgenerwägungen zu konstatieren[52], wohingegen in anderen Problemfällen das Unlauterkeitsverdikt eindeutig aus bestimmten Folgenprognosen und -bewertungen abgeleitet wird[53].

---

[52] Vgl. Teil 3 Fälle 6, 17, 26, 30.
[53] Vgl. etwa Teil 3 Fälle 18 und 19.

Fünfter Teil

Der praktische Wert von Folgenerwägungen

I. Wirkungsweisen und deren Nutzen

1. Regelvollzug

Bereits die juristische Schulmethodik verlangt vom Rechtsanwender eine Erfolgkontrolle seiner Normauslegung in dem Sinne, daß das Ergebnis der Subsumtion am Normzweck, dem Regelungsziel des Gesetzes zu messen sei, ja diese Teleologie verpflichtet die gesamte Rechtsanwendung auf die Herbeiführung der Regelungsergebnisse, die die Norm intendiert[1].

In dem Maße, in dem mit diesem Ergebnis nicht nur Rechtsfolgen, sondern auch Entscheidungsfolgen im oben beschriebenen Sinne angestrebt werden, verlangt schon der — gar nicht so „schlichte" — Regelvollzug eine prognostische Annahme und die Berücksichtigung des von der Rechtsfolge herbeigeführten outcome[2]. Im Kernbereich des Zivilrechts sind das meist Individualfolgen[3]; im Wirtschafts- und öffentlichen Recht werden Sozialfolgen um so stärker in den Vordergrund treten, je klarer und ambitionierter die public policy eines Gesetzes ist[4]. Man denke nur an das Wettbewerbsbeschränkungs- oder das Bodenrecht.

---

[1] Hier mag dahingestellt bleiben, inwieweit sich der „Rechtsanwender" dieser Teleologie selbst bemächtigt und damit zur Regel*bildung* übergeht (dazu 2.). Skeptisch etwa *Müller*, Juristische Methodik, S. 62: „Die teleologische Auslegungsweise ist praktisch kaum mehr als ein Sammelbegriff für Wertungen verschiedenster Herkunft, für ein sachlich wie normativ nicht mehr begrenzbares Feld von Auslegungsmöglichkeiten. Diese pflegen an der Vertretbarkeit und Wünschbarkeit des Entscheidungsergebnisses ausgerichtet zu werden. ‚Ratio', ‚telos', ‚Sinn und Zweck' sind in der Regel nicht mehr als eine Metapher für das, was als Ergebnis angestrebt wird."

[2] Diesen teleologischen Nachvollzug — aber auch nur ihn — hat etwa *Schuppert* im Auge, wenn er meint, „daß die Folgenberücksichtigung eine legitime Argumentationsfigur richterlicher Entscheidungsfindung ist" (ZRP 1973, 258). Im Hinblick auf die Regelbildungsaufgabe der Justiz dürfte das zu eng gesehen sein.

[3] Vgl. oben Teil 4 III 3 a.

[4] Zur „Politik des Gesetzes als Auslegungsmaßstab" vgl. *Steindorff* in Festschrift für Larenz, S. 217 ff.

Folglich ist „auch bei der Rechtsentscheidung ... die Beachtung der Folgen ein Teil des Entscheidungsprogramms. Das gilt jedenfalls von den Folgen, die von der Norm hintangehalten oder herbeigeführt werden sollen. Eben das verstehen wir unter der ratio legis[5]."

2. Dogmatik

Verallgemeinernd kann man sagen, daß Folgenerwägungen nicht nur in Regeln, sondern auch in Begriffe und juristische Theorien dergestalt eingebracht werden können, daß sie denjenigen, der letztlich den konkreten Fall entscheidet, zu Folgenprognosen und -berücksichtigungen[6] anhalten.

Als Beispiel für solche „über Folgenerwägungen aufgebaute Dogmatik"[7] kann etwa die „Folgetheorie" zu § 1 GWB genannt werden, die das Vorliegen einer Wettbewerbsbeschränkung von den tatsächlichen Folgen eines Vertrages abhängig macht, während die konkurrierende „Gegenstandstheorie" eine wettbewerbsbeschränkende Zielsetzung des Vertrages selbst verlangt[8].

Oder: „Wenn die kampfweise Durchsetzung lohnpolitischer Forderungen wegen ihrer gesamtwirtschaftlichen Auswirkungen das *Gemeinwohl* gefährdet, ist der Arbeitskampf sozialinadäquat und daher rechtswidrig[9]." Hier dient die Prognose und negative Bewertung gesellschaftlicher Prozesse (Gefährdung des Gemeinwohls) zur Konkretisierung einer der arbeitsrechtlichen Doktrin entstammenden Generalklausel (Sozialadäquanz).

Durch den Einbau dogmatisch abgesicherter und systemverträglicher Folgenerwägungen in die verschiedenen Normvorschläge wird die Konsistenz juristischen Entscheidens, die durch Dogmatik gesichert werden soll[10], nicht unmittelbar gefährdet. Mittelbar haben die Ent-

---

[5] *Esser*, Vorverständnis und Methodenwahl, S. 143.
[6] Nicht: -bewertungen, da diese bereits im jeweiligen Programm geronnen sind.
[7] *Luhmann*, Rechtssystem und Rechtsdogmatik, S. 31, der allerdings der juristischen Dogmatik keine Output-Orientierung (i. w. S., also unter Einbeziehung der hier als „outcome" bezeichneten Fernwirkungen) zumuten will.
[8] Vgl. etwa *Müller-Henneberg* in: *ders. / Schwartz* (Hrsg.), Gemeinschaftskommentar Anm. 72 zu § 1 GWB.
[9] *Hueck / Nipperdey*, Lehrbuch des Arbeitsrechts Bd. II/2, S. 1032 (Hervorhebung im Original). Die Gemeinwohlformel bedarf freilich im Einzelfall einer begründeten Konkretisierung.
[10] Vgl. etwa *S. Simitis*, AcP 1972, 132 f.; *Esser*, AcP 1972, 113; *Wieacker*, Festschrift für Gadamer Bd. II, S. 311 ff.; *Luhmann* (Fn. 7), S. 16; kritisch *Rottleuthner*, Rechtswissenschaft als Sozialwissenschaft, S. 175 ff.

scheidungen allerdings teil an der Unsicherheit der Analyse und erst recht der Prognose sozialer Zustände und Abläufe, die diese oder jene Theorie oder Doktrin verlangt und voraussetzt.

3. Regelbildung

Eine noch zentralere, wenn auch ganz andere Rolle spielen Teleologie und Folgenerwägungen bei der Tätigkeit, die wir Regelbildung genannt haben.

Programmierung ohne Ziel wäre schlechthin unsinnig. Neben der Zielwahl — von deren eigener Rationalität noch zu reden sein wird — verlangt Regelbildung vor allem ein gewisses Maß an Zweckrationalität, d. h. den Einsatz der zur Verfügung stehenden Mittel in einer Weise, die zur Erreichung des angestrebten Zieles geeignet ist. Wir hatten schon darauf hingewiesen, daß die klassischen Modelle der Zweck-Mittel-Koordination — voran das der unternehmerischen Entscheidung — auf die justizielle Regelbildung kaum übertragbar sind. Gleichwohl muß der sozialgestaltende Richter sich in durchaus ähnlicher Weise fragen, welche Folgen die Verwendung seiner — äußerst beschränkten — Mittel haben wird, wenn er abstrakte Normen formuliert und verhindern will, daß seine Wertpräferenzen durch unzweckmäßigen Einsatz des Regelungsinstrumentariums im Ergebnis nicht zum Tragen kommen oder gar in ihr Gegenteil verkehrt werden. Folgenerwägungen sind daher für die präjudizielle Aus- und Fortbildung von Regeln des Richterrechts — wie für jede Form von Programmierung — unersetzliche Überlegungen. Sie allein können garantieren, daß Regelungsziel und soziale Wirklichkeit zur Deckung gebracht werden, d. h. daß sich die Rechtsgenossen im erwünschten Sinne verhalten:

"Since primary rules operate not only as norms for the judicial conduct ..., but also as norms for the conduct of citizens, rationally to formulate a new primary rule a court ought to examine empirically what might be the result in society of each of the permissible alternatives[11]."

Eine erfolgreiche Normgewinnung kann also, soweit sie bei Auslegung, Konkretisierung oder Regelbildung auf die Wahrnehmung eines mehr oder weniger großen Stückes eigener Entscheidungsbefugnis angewiesen ist, auf Folgenerwägungen nicht verzichten. Vorausgesetzt wird dabei, daß der „Erfolg" einer Entscheidung sich nicht nur an einer gelungenen Darstellung mißt, die die Parteien lediglich durch das Vortäuschen einer unbeteiligten Subsumtion zur protestlosen Hinnahme

---

[11] *Seidman*, 32 Mod. L. R. (1969), S. 524.

des Urteils zu bewegen bräuchte, sondern vor allem an der „Sachrichtigkeit" und „Systemrichtigkeit"[12] des Ergebnisses.

4. Unzulässige Folgenargumente

Können Folgenerwägungen — in unterschiedlicher Ausgestaltung und Funktion — mithin als konstituierende Elemente jeglicher Regelbildung und manchen Regelvollzugs gelten, so dürfen sie andererseits doch nicht dazu dienen, den Weg zu einem erwünschten Ergebnis an unzweifelhaften Gesetzesbindungen vorbei zu eröffnen. Diese Einschränkung betrifft naturgemäß vorwiegend die Regelungsbereiche mehr oder weniger durchnormierten Gesetzesrechts. Die stabilisierenden Funktionen von Gesetzen und Dogmatik dürfen hier nicht von Fall zu Fall in unkontrollierbarer Form suspendiert werden.

Wie weit immer die Bindungen reichen mögen, denen der Richter auf diese Weise unterworfen wird — die *Existenz* solcher Grenzen kann sinnvoll ebensowenig bestritten werden wie die Existenz der korrespondierenden Freiräume (wenn es auch letztlich immer die Gerichte selbst sind, die den Verlauf dieser Grenzen bestimmen).

Es kann bei Folgenerwägungen also nicht darum gehen, die Stimmigkeits- oder Vereinbarkeitskontrolle eines angestrebten Ergebnisses anhand gesetzlicher und dogmatischer Regelungsmuster durch den Verweis auf (un)erwünschte Folgen zu überspielen, wie es gelegentlich geschieht.

So hatte der BGH über die Schadensersatzpflicht eines gerichtlichen Sachverständigen zu entscheiden, dessen objektiv unrichtiges Gutachten zur Einweisung des Klägers in eine Heilanstalt geführt hatte[13]. Zur Frage, ob der Beklagte wegen einer fahrlässigen Freiheitsverletzung nach § 823 I BGB hafte, wird ausgeführt:

„Die Stellung des Sachverständigen als Gehilfe des Richters bei der Urteilsfindung spricht ... dagegen, dem Sachverständigen ein so weit gehendes Haftungsrisiko aufzuerlegen. ... Seine innere Unabhängigkeit [ist] von besonderer Bedeutung, um das Funktionieren seiner Tätigkeit im gerichtlichen Verfahren sicherzustellen. Im Hinblick auf die Interessen der am gerichtlichen Verfahren Beteiligten und auf die Belange der Allgemeinheit am Funktionieren der Rechtspflege kann es nicht zugelassen werden, wenn er — vielleicht unbewußt — unter dem Druck und der Drohung eines möglichen Rückgriffs dessen steht, zu dessen Nachteil die auf seinem Gutachten mitberuhende Entscheidung des Gerichts ergeht. ... Aus Gründen der Rechts-

---

[12] Im Sinne *Essers* (Fn. 5), S. 40 ff., 44.
[13] NJW 1974, 312. Vgl. die ablehnenden Anmerkungen von *Hellmer*, NJW 1974, 556 und (ausführlich zu dieser Art von Folgenargumenten) *Hopt*, JZ 1974, 551.

sicherheit ist es zudem unumgänglich, die Einwendungen abzugrenzen und zu beschränken, die auf Abänderung eines durch gerichtliches Urteil geschaffenen Ergebnisses abzielen. Würde die Haftung des Sachverständigen bereits bei der nicht mit Strafe bedrohten *un*eidlichen Verletzung seiner Pflichten bejaht, so könnte das zu einer großen Zahl von Prozessen führen, mit denen versucht wird, das Ergebnis des gerichtlichen Spruchs des Vorprozesses im Ergebnis abzuändern (,Wiederaufrollung des Verfahrens')[14]."

Die Hinweise auf die vermuteten Folgen einer gegenteiligen Entscheidung für den Wert von Sachverständigen im forensischen Verfahren und für die Rechtssicherheit hielt man offensichtlich für so überzeugend, daß man sich der Mühe einer dogmatischen Kontrolle enthoben wähnte. Die Fragen der Kausalität und der Fahrlässigkeit werden offen gelassen. In der Entscheidung BGHZ 42, 313, auf die im wesentlichen verwiesen wird, ist von einer Haftung nach § 823 I BGB überhaupt keine Rede, während in NJW 1968, 787 (788) immerhin die Annahme einer Freiheitsverletzung ausdrücklich verworfen wurde.

Ferner bietet die Sachverständigen-Entscheidung ein Beispiel dafür, wie der mögliche argumentative Wert von Folgenerwägungen durch eine unzureichende Ausschöpfung der durch sie eröffneten Begründungskapazität verspielt werden kann. Denn die Folgen der tatsächlich gewählten Normalternative — keine Haftung des gerichtlichen Sachverständigen bei Fahrlässigkeit — bleiben unerwogen, zumindest unausgesprochen. Wie sich künftig eine solche Haftungsbefreiung auf die Sorgfalt von Sachverständigen bei der Erstellung ihrer Gutachten auswirken könnte und ob damit nicht möglicherweise eine größere Entwertung ihrer Hilfsfunktion verbunden wäre als mit der Aussicht einer möglichen Schadenshaftung: dies wäre zumindest eine Frage wert gewesen.

II. Folgenerwägungen als Legitimationsgrundlage des Richterrechts?

1. Legitimationsdefizit des Richterrechts

Hinsichtlich der justiziellen Normbildung wäre nunmehr zu fragen, ob Folgenerwägungen noch einen weitergehenden Wert als den bloßer zweckrationaler Unentbehrlichkeit haben.

Als vordringliches Konvergenzproblem, das aus der Übernahme legislatorischer Funktionen durch die Rechtsprechung entsteht, hatten wir das der Legitimation des Richterrechts bezeichnet[15]. Dadurch, daß die Jurisdiktion in weiten Bereichen nicht lediglich abstrakt vorge-

---

[14] NJW 1974, 314.
[15] s. o. Teil 2 II 1.

II. Folgenerwägungen als Legitimationsgrundlage des Richterrechts?

fertigte Konfliktlösungen des formellen Gesetzes auf den Einzelfall überträgt, haben ihre Entscheidungen nicht mehr an der demokratischen Legitimation parlamentarisch zustandegekommener Normen teil. Nur in sehr abgeschwächter Form sind Regeln des Richterrechts auf gesetzgeberische Akte zurückführbar: einmal durch die legislatorische Eröffnung des Entscheidungsspielraums selbst, also die Delegation der Normgewinnung[16], dann aber auch durch die Hinnahme des auf dieser Grundlage entstehenden Richterrechts in der Weise, daß von der parlamentarischen Gesetzgebungsprärogative kein Gebrauch gemacht wird.

Beide Gesichtspunkte ersetzen indes die Legitimationskette des klassischen Gewaltenteilungsmodells nur unvollkommen. Zum ersten ist es der Richter selbst, der über die Einschlägigkeit, das „Passen" einer Norm, den Übergang vom Routine- zum Problemfall und damit über die eigene Kompetenz, Regeln zu bilden, entscheidet[17]. Zum zweiten ist bekanntlich — bei allem legislatorischen Fleiß — die Reizschwelle des Gesetzgebers so hoch, daß die Rechtsprechung sich, soweit sie über ein geeignetes Regelungsinstrumentarium verfügt[18], angesichts unhaltbarer Ergebnisse in gesetzlich nicht oder unvollkommen geregelten Rechtsgebieten schwerlich auf die Prärogative des Gesetzgebers berufen kann. Diese Verantwortung folgt aus der Kompetenz, den eigenen Zuständigkeitsbereich gegenüber dem des Gesetzgebers in gewissen Grenzen selbst zu variieren[19]. Ferner ergibt sich aus dieser Kompetenz eine weitere Steigerung des Legitimationsbedarfs der Rechtsprechung.

2. Legitimität als soziales Phänomen

Jegliche Herrschaft ist darauf angewiesen, daß ihre Befolgungsansprüche von den Betroffenen akzeptiert werden. Das gilt für politische Systeme insgesamt, aber auch für deren Teilsysteme, etwa die Rechtsprechung. Dieses Akzeptieren ist nicht ausschließlich auf Zwang zu gründen, da die Stabilität politischer Systeme durch nackte Gewalt nicht oder nur teuer erhalten werden kann. Wie ist dann aber eine durchweg reibungslose Vermittlung insbesondere staatlicher Herrschaft zu erklären? Das Zauberwort, mit dem man herkömmlicherweise das Phänomen eines freiwilligen oder wenigstens widerstandslosen Akzeptierens staatlicher oder sonst heteronomer Machtansprüche sei-

---

[16] *Redeker*, NJW 1972, 412 sieht in der Delegation selbst eine ausreichende Legitimationsgrundlage, solange die Delegationsgrenzen eingehalten werden.
[17] Vgl. *Kübler*, Über die praktischen Aufgaben zeitgemäßer Privatrechtstheorie, S. 19 f.
[18] s. dazu unten Teil 6.
[19] s. o. Teil 2 Fn. 44.

tens der Betroffenen beschreibt und erklärt, heißt Legitimität. Legitimität ermöglicht verbindliches Entscheiden für andere ohne unerträglich hohe Kosten[20]. Daher sucht jede Herrschaft „den Glauben an ihre ‚Legitimität' zu erwecken und zu pflegen"[21].

Daß Legitimität Herrschaft erleichtert — wenn nicht gar ermöglicht — kann als Teilfunktion einer umfassenderen Leistung angesehen werden: der sozialen Integration[22]. Der seit langem herrschende Legitimitätsbegriff[23] ist ebenfalls ein soziologischer, wenn auch ein engerer. Er geht auf *Max Weber* zurück und bezeichnet die rein faktische Überzeugung der Machtunterworfenen von der Rechtmäßigkeit der jeweiligen Herrschaft. Oder kürzer: „Legitimität ist soziale Geltung als rechtens[24]."

3. Legitimitätstypen

Mit der Bezeichnung „Legitimität" ist über die tatsächlichen Geltungsgründe noch nichts ausgesagt. Offensichtlich können diese sehr vielgestaltig sein.

Weber hatte eine einflußreiche Herrschaftstypologie aufgestellt, in der er charismatische, traditionelle und legale Herrschaft kraft Satzung unterschied. Inwieweit diese Einteilung überzeugend war oder ist, mag dahinstehen. Verdienstvoll war jedenfalls, insbesondere aus juristischer Sicht, die Eröffnung einer soziologischen Gegenposition zum Gesetzespositivismus des späten 19. Jahrhunderts. Dessen Identifizierung von Legalität und Legitimität, von Gesetz und Recht konnte durch das Aufzeigen anderer historisch greifbarer Legitimationsweisen in ihrer Verkürzung erkannt werden.

Damit wird gar nicht bestritten, daß Legalität, das formal und institutionell korrekte Zustandekommen von Herrschaftsakten Legitimität erzeugen *kann*. Dreierlei bleibt dabei jedoch zu bedenken:

— sie *muß* es nicht, d. h. Legalität ist erfahrungsgemäß keine hinreichende Bedingung dafür, daß Herrschaft akzeptiert wird;

---

[20] Vgl. *Kielmannsegg*, PVS 12 (1971), S. 371.
[21] *Weber*, Wirtschaft und Gesellschaft, S. 122.
[22] So der derzeit wohl weiteste Legitimationsbegriff bei *Berger / Luckmann*, Die gesellschaftliche Konstruktion der Wirklichkeit, S. 98 ff.
[23] Vgl. *Luhmann*, Legitimation durch Verfahren, S. 27; *Kielmannsegg* (Fn. 20), S. 369 m. w. N. in Fn. 5; kritisch *Schaar*, Legitimacy in the Modern State S. 284 ff.: "The most benighted savage of yesterday's anthropology, sacrificing to his totemic ancestor and groveling before has sacred king, is no worse off for a theory of legitimacy that will pass the tests of reason than is the most advanced 'democratic' theorist among us today." (S. 288)
[24] *Kielmannsegg* (Fn. 20), S. 367.

II. Folgenerwägungen als Legitimationsgrundlage des Richterrechts? 115

— sie ist *substituierbar* durch andere Legitimationsmuster;
— ihrer Idee nach war die Legalität der bürgerlichen Epoche vor ihrer gesetzespositivistischen Überhöhung weit mehr als bloße Herrschaftsförmigkeit. Das Parlamentsgesetz — und folglich Voraussetzungen und Inhalt auch exekutiver und judikativer Gewalt — war ja durch die Bedingungen seines Zustandekommens *auch inhaltlich* legitimiert. Dadurch, daß das Parlament in das Räsonnement der bürgerlichen Öffentlichkeit eingebettet war, hatten seine Gesetze Teil an den Vorzügen der solcherart zustandegekommenen öffentlichen Meinung: der Läuterung der reinen Subjektivität des Meinens, der Aufhebung persönlicher Willkür und ständischer Interessen, folglich einer (allerdings relativen, weil nur vorübergehend verfestigten) *Wahrheit*[25]. Unter der Voraussetzung der Kongruenz von öffentlicher Meinung und parlamentarischem Gesetz kann das letztere mit einem Vernünftigkeitsanspruch auftreten, der weit über den formell-rationalen der Generalität und Abstraktheit hinausgeht.

Das Festhalten an der „Legitimität reiner Legalität"[26] unter Bedingungen, die diese materiale Anreicherung der formalen Legalität nicht mehr verbürgten[27], führte schließlich über das (legale) Ermächtigungsgesetz von 1933 zur juristischen Legitimität der faschistischen Herrschaft.

Im Anschluß an die Webersche Einteilung (charismatisch, traditional, legal-rational) sind weitere Versuche unternommen worden, typische Legitimitätsgründe herauszuarbeiten. So unterscheidet etwa *Easton* ideologische, strukturelle und personale Legitimität[28], während *Friedrich* in religiöse, juristisch-philosophische, traditionale sowie verfahrensgemäße und pragmatische Legitimität unterteilt[29].

Die letztgenannte Legitimitätsform stellt einen *Zusammenhang von Erfolg und Legitimität* her, der in den modernen Industriegesellschaften ständig an Bedeutung zu gewinnen scheint: „Die sehr zahlreichen pragmatischen Typen ... beruhen häufig auf der Vollbringung bestimmter, von den Beherrschten gewünschter Leistungen. So hat der Erfolg im Kriege vielfach eine legitimierende Wirkung besessen, es gehören hierzu aber auch die Sicherung von Wohlstand, Ordnung,

---

[25] *Habermas*, Strukturwandel der Öffentlichkeit §§ 7, 11 und insbes. S. 73.
[26] *Luhmann*, Soziologie des politischen Systems, S. 167.
[27] Zur Wandlung der bürgerlichen Öffentlichkeit von einer kritischen Instanz in eine Demonstrations- und Manipulationssphäre vgl. *Habermas* (Fn. 25) §§ 20 ff.
[28] A Systems Analysis of Political Life, S. 286 f.
[29] Politik als Prozeß der Gemeinschaftsbildung, S. 102.

Frieden usw.³⁰." Erfolg tritt häufig als Legitimationskriterium neben andere Formen und kann sie unterstützen oder aushöhlen: „Auch die demokratische Legitimität im modernen Verfassungsstaat ist mit von der Bewährung und den Leistungen der Herrscher abhängig, besonders auf wirtschaftlichem Gebiet. So kann eine Regierung die Legitimation, die sie in einer Wahl von einer Mehrheit der Bevölkerung erhalten hat, durch Leistung vergrößern oder durch Unfähigkeit verringern³¹."

Kurz: Erfolg im Sinne von Wohlstandssteigerung, Freizeitgewinn und sozialer Sicherung gegen Lebenskrisen ist heute eine wichtige, wenn nicht die wichtigste Quelle von Legitimität in der Industriegesellschaft³².

Luhmanns Konzeption einer „Legitimation durch Verfahren" entfernt sich noch weiter von herkömmlichen Legitimationsvorstellungen, die das Entstehen des Legitimitätsglaubens für abhängig von dessen Bezug auf irgendeine inhaltliche Qualität von Entscheidungen und Befolgungsansprüchen hielten, letztlich von religiöser, ideologischer, vernunftgemäßer, juristischer etc. Wahrheit.

Seiner Ansicht nach erlaubt es das Stabilitätsbedürfnis des politischen Systems nicht, die Anerkennung seiner Herrschaftsakte von der Überzeugung ihrer Richtigkeit seitens der Beherrschten abhängig zu machen³³. Daher habe die Anerkennung motivfrei zu erfolgen; bei der Legitimation von Entscheidungen gehe es um die Umstrukturierung von Erwartungen der Betroffenen, um ein effektives Lernen³⁴. Verfahren sind auf diesem Wege unumgänglich, aber auch nützlich, denn daß „Selektionsleistungen, die nur auf Entscheidung beruhen³⁵, übernommen werden, bedarf besonderer Gründe"³⁶.

Demgegenüber knüpft ein diskursives Legitimationsverständnis direkt an die klassische Wahrheitsgebundenheit von Legitimität an, indem es das Bemühen um Konsens, das Streben nach reflektierter und freier Zustimmung zur Herrschaft zum Kriterium von Legitimität macht³⁷.

---

³⁰ *Friedrich*, ebda.
³¹ *Friedrich*, S. 103; vgl. ausführlich *Lipset*, Political Man, S. 64 ff.
³² Vgl. *Mueller*, Politik und Kommunikation, S. 174 f., der — wie auch *Lipset* — von „Effizienz" („effectiveness") spricht, aber dasselbe wie hier meint. Kritisch zu dieser Entwicklung besonders *Schaar* (Fn. 23), pass.
³³ *Luhmann* (Fn. 23), S. 32.
³⁴ Ebda. S. 32 ff.
³⁵ Und das tut Recht, denn es ist kontingent (d. h. immer auch anders möglich) und positiv (d. h. durch Entscheidung gesetzt und geltend), vgl. *Luhmann*, Rechtssoziologie Bd. 2, S. 210.
³⁶ *Luhmann* (Fn. 23), S. 25.
³⁷ Vgl. *Habermas*, Legitimationsprobleme im Spätkapitalismus, S. 136 ff.; für die Rechtsprechung *Eckhold-Schmidt*, Legitimation durch Begründung, insbes. S. 16 ff.

II. Folgenerwägungen als Legitimationsgrundlage des Richterrechts? 117

Diese und andere Legitimationstypen können hier nicht in extenso dargestellt oder gar diskutiert werden. Der kurze Überblick soll nur mögliche Lösungsansätze für unser eigentliches Problem aufzeigen: die Legitimation des Richterrechts.

4. Legitimation des Richterrechts

Einige der klassischen Geltungsgründe von Herrschaft vermögen offensichtlich die Legitimität richterlicher Normbildungen nicht zu begründen. Charisma oder religiöse Offenbarung beispielsweise sind in der modernen Industriegesellschaft ungeeignet, die Hinnahme autoritativer Richtersprüche zu fördern. Es gilt also, nach passenderen Legitimationstypen zu suchen.

a) Legitimation durch Autorität:

Vordergründig läßt sich die Anerkennung autonomen richterlichen Entscheidens durch die Betroffenen und die Allgemeinheit dadurch erklären, daß die Gerichte als Autoritäten akzeptiert werden, d. h. daß ihnen überlegene Kompetenz und Ansehen zugeschrieben werden. Die Autorität staatlicher Institutionen fließt aber immer spärlicher aus ihrer hoheitsvollen Selbstdarstellung oder der Förmlichkeit und Symbolträchtigkeit ihrer Handlungen; immer mehr und fast auf allen Gebieten wird Autoriät von Leistung abhängig gemacht. Dem kann sich auch die Rechtsprechung nicht entziehen. Zwar facit auctoritas legem, aber auctoritas gründet sich am sichersten auf die Qualität ihrer Akte und ist daher auf lange Sicht ohne eine wie auch immer geartete veritas schwerlich denkbar[38].

b) Legitimation durch Verfahren:

Den Ansatz *Luhmanns* verfolgen wir nicht weiter, da er, soweit die Rechtsprechung betroffen ist, auf der weitgehend irrealen Voraussetzung konditionaler Programmierung beruht[39]. Die Legitimation des Richterrechts sollte sich nicht daran ausrichten, in welchem Maße die Darstellung einer tatsächlich nicht bestehenden Gesetzesgebundenheit gelingt. Eben solche Scheinbegründungen, die die wirklich entscheidungsleitenden Motive verbergen sollen, führen zur Unglaubwürdigkeit der Justiz und zu Legitamationskrisen der oben[40] beschriebenen Art. Obwohl an der Legalität dieser Rechtsprechung nicht zu zweifeln war, vermochte sie eine billigende oder auch nur indifferente Hinnahme

---

[38] Vgl. *Habermas*, Theorie der Gesellschaft oder Sozialtechnologie?, S. 242.
[39] Vgl. *Luhmann* (Fn. 23), S. 133 und oben Teil 2 III 1.
[40] Teil 1 II 2 d.

ihrer Entscheidungen zumindest bei der Anwaltschaft und der weiteren juristischen Öffentlichkeit nicht zu erzielen.

Durch bloße Verfahrensmäßigkeit scheint die Bildung von Richterrecht also nicht legitimierbar; das traditionelle justizförmige Verfahren bezog ja auch seinen Legitimitätsanspruch nicht aus sich selbst, sondern durch ein das Verfahren transzendierendes Element: die Anwendung des Gesetzes. Dort wo diese Anwendung aus den bekannten Gründen nicht mehr funktioniert (und diese mangelnde direkte Rückführbarkeit auf das Gesetz ist ja gerade die Wurzel des Legitimationsdefizits des Richterrechts), wird man in der Fiktion ihres Fortbestehens kaum einen Fortschritt sehen können. Vielmehr muß die geradlinige Ableitung aus dem Gesetz durch andere Legitimationsmuster ersetzt werden.

c) Legitimation durch die Qualität von Entscheidungen:

Wir halten also daran fest, daß Legitimität von den Leistungen politischer (Sub-)Systeme für die Herrschaftsunterworfenen nicht zu trennen ist. Damit bleibt „die Frage nach der Legitimität von Herrschaft ... identisch mit der Frage nach der Übereinstimmung eines Herrschaftssystems bzw. von Handlungen im Rahmen eines solchen mit den in der jeweiligen Situation vorherrschenden und in einem Gemeinwesen allgemein akzeptierten Vorstellungen von Recht und Gerechtigkeit und deren immanenten bzw. transzendenten Begründungen"[41].

aa) Erfolg des Richterrechts:

Im Hinblick auf das Richterrecht ist daraus zu folgern, daß es einmal Legitimität in dem Maße gewinnt, in dem es im Ergebnis (also hinsichtlich der Rechts- und Entscheidungsfolgen[42]) zur individuellen Gerechtigkeit und sozialen Wohlordnung beiträgt. Was das konkret bedeutet, läßt sich sinnvoll nur fall- und problemorientiert erörtern und diskutieren. Das soll im nächsten Abschnitt (5.) anhand des Wettbewerbsrechts geschehen, indem wir uns fragen, was Erfolgsgebundenheit der Legitimität von Richterrecht in diesem Rechtsgebiet bedeuten kann und — um nach diesen Vorarbeiten zum Ausgangsproblem zurückzukehren — inwieweit ein erfolgreiches Richterrecht von Folgenerwägungen abhängig ist.

bb) Begründung des Richterrechts:

Die Qualität autonomer justizieller Entscheidungen kann weiterhin neben ihren (Er-)Folgen vor allem an ihren Begründungen gemessen

---

[41] *Blank* in: Görlitz (Hrsg.) Handlexikon zur Politikwissenschaft, S. 215.
[42] Zu dieser Unterscheidung vgl. o. Teil 4 IV.

werden. Die am Konsensideal orientierte Konzeption einer Legitimation durch Begründung wurde schon erwähnt[43]. Zwar wird eine Aufhebung von Herrschaft durch Konsens zwischen den Verfahrensbeteiligten jedenfalls im gerichtlichen Prozeß aufgrund dessen verzerrter Kommunikationsstruktur nicht für möglich gehalten[44]; durch Begründung sei dieses Ziel aber wenigstens annäherungsweise zu erreichen:

„Soweit nun eine Verständigung durch zwanglose, uneingeschränkte Kommunikation nicht möglich ist, reduziert sich der Anspruch einer Legitimation von Entscheidungen durch freien Konsens auf ‚Legitimation‘ durch die *Bemühung* um konsensfähige Entscheidungen im mehr oder weniger fiktiven ‚Vorgriff auf die ideale Sprechsituation‘[45]."

Was damit gemeint sein kann und — wiederum — welchen Beitrag Folgenerwägungen zu dieser Legitimationsstrategie erbringen können, soll unter 6. entwickelt werden.

5. Legitimation durch Erfolg im Wettbewerbsrecht: Bestands- und Funktionssicherung

Der Rechtsprechung ist es bei der derzeitigen Aufgabenverteilung zwischen den staatlichen Gewalten zu einem wesentlichen Teil aufgegeben, den wirtschaftlichen Wettbewerb zu erhalten sowie seine Funktionen zu sichern und zur Geltung zu bringen. Wie immer man dazu stehen mag: für den Inhalt und für die Durchsetzung des Wettbewerbsbeschränkungs- und noch stärker des Unlauterkeitsrechts trägt die Justiz ein hohes Maß an Verantwortung. Deren Schwere wird deutlich, wenn man sich die Funktionen vor Augen hält, die der Wettbewerb erfüllen soll: in *wirtschaftspolitischer* Hinsicht die bestmögliche Versorgung der Verbraucher durch die Wahrnehmung von Steuerungs-, Antriebs- und Verteilungsfunktionen, in *gesellschaftspolitischer* Hinsicht die Sicherung individueller Freiheit durch dezentralisierte Entscheidungsprozesse[46].

---

[43] Oben 3 a. E.
[44] *Eckhold-Schmidt* (Fn. 37), S. 20 f.
[45] *Eckhold-Schmidt*, S. 21 unter Verweis auf *Habermas*, Vorbereitende Bemerkungen zu einer Theorie der kommunikativen Kompetenz, S. 136 (Hervorhebung von mir).
Ebenfalls auf einen Konsens der Verfahrensbeteiligten bezieht *Horn*, Rechtstheorie 1975, 147 die Richtigkeit juristischen Entscheidens. Er empfiehlt allerdings mit Rücksicht auf den Entscheidungszwang, dem der Richter unterliegt, den „Rückgriff auf argumentative Autorität, d. h. vorgegebene Verbindlichkeit von Argumenten, zur Kommunikation, Stabilisierung des Dialogs und Letztbegründung von Entscheidungen ..." (S. 160).
[46] Vgl. *Säcker*, Zielkonflikte und Koordinationsprobleme im deutschen und europäischen Kartellrecht, S. 14 ff. m. w. N.

Es liegt auf der Hand, daß ein Versagen der Rechtsprechung dort, wo ihr die Sicherung von Wohlstand und wirtschaftlicher Freiheit anheimgestellt ist, nicht nur ihre eigene, sondern die Legitimität der Institution Wettbewerb[47] in Frage stellen würde. Diese Legitimationskrise würd aber wegen der zentralen Bedeutung des wirtschaftlichen Wettbewerbs das gesamte politische und ökonomische System betreffen. Funktionale Äquivalente für die Wahrnehmung der Aufgaben, die die höchstrichterliche Rechtsprechung im Augenblick erfüllt, sind überdies kaum ersichtlich; insbesondere erscheint es ausgeschlossen, daß die *Gesetzgebung* etwa auf dem Gebiet des unlauteren bzw. funktionswidrigen Wettbewerbs die Steuerungsaufgaben in ähnlich lebensnaher und flexibler Weise wahrnehmen könnte.

Der Beitrag der Rechtsprechung zur Funktionssicherung des Wettbewerbs läßt sich vorzüglich am Beispiel der Wirtschaftswerbung verdeutlichen, die zumindest im Konsumgüterbereich andere Konkurrenzformen wie Preis-, Qualitäts- und Konditionenwettbewerb an Bedeutung weit übertrifft.

Eine Unlauterkeitsrechtsprechung, die nicht willens oder in der Lage wäre, diesen wichtigsten Informationskanal zwischen Anbietern und Nachfragern funktionsfähig zu erhalten, indem sie Form und Inhalt der Werbebotschaften an den eingangs genannten Funktionen des Wettbewerbs mißt und gegebenenfalls regulierend eingreift, würde das Medium Werbung ganz in die Hände der Werbungtreibenden legen, im Kosumgütersektor also der Anbieter. Da diese naturgemäß zur Aufhebung der Autonomie der Marktgegenseite (sprich: der Verbraucher) neigen[48], könnte bei einem schrankenlosen Einsatz des manipulativen Potentials moderner Werbetechniken neben den Waren und Dienstleistungen zugleich deren Verbrauch von den Unternehmen „produziert" werden. Dies wäre jedoch unvereinbar mit einer Wettbewerbsordnung, die sich — gerade umgekehrt — die Steuerung von Produktion und Distribution durch die Nachfrage zum Ziel gesetzt hat. Ein Versagen der Rechtsprechung auf dem Sektor der Werbungskon-

---

[47] Zum Legitimitätsbedarf sozialer Institutionen vgl. *Kielmannsegg* (Fn. 20), S. 370.

[48] „Ohne einschränkende, normative Zwänge tendiert Wirtschaftswerbung zur Umwandlung der Interessen der Nachfrage zugunsten der anbietenden Marktseite, mithin zur tendenziellen Vernichtung aller Chancen der Autonomie der Nachfrage; d. h.: abgesehen von den normativen Zwängen ist die Mittelwahl durch die *Tendenz zur höchsten Effizienz* zu bestimmen. Diese Effizienz steht beliebigen speziellen ‚Grundaufträgen' (Einkommenserzielung, Gewinnerzielung, Versorgung, Förderung) zu Diensten ..." (*Clausen*, Soziologie der Wirtschaftswerbung, S. 40. Vgl. ferner S. 60, 84.)

trolle würde mithin einen zentralen Steuerungsmechanismus unserer Wirtschaftsordnung stark entwerten oder außer Kraft setzen[49].

Es liegt auf der Hand, daß „Legitimation durch Erfolg", d. h. durch die Förderung individueller Gerechtigkeit und sozialer Wohlfahrt (und d. h. am Beispiel des Wettbewerbsrechts: durch die Sicherung des Bestandes und der Funktionen des Wettbewerbs) auch auf instrumentale, technologische Vernunft angewiesen ist. Das gilt auch für die (insbesondere obergerichtliche) Rechtsprechung. Dazu ist das Wesentliche bereits gesagt worden[50].

Festzuhalten bleibt: Überall dort, wo die Justiz sozialgestaltend wirkt, kann sie der damit verbundenen Verantwortung nur durch Abschätzung und Abwägung der jeweils möglichen Folgen ihres Entscheidens gerecht werden.

6. Legitimation durch Begründung

a) Kongruenz von Herstellung und Darstellung der Entscheidung:

Das Bemühen um Konsensbildung bei den Verfahrensbeteiligten verfehlt seinen Sinn, wenn es sich auf jenes juristische Schattenboxen einläßt, das mit der inhaltlichen Trennung von „Herstellung" und „Darstellung" der Entscheidung beschrieben wird. Denn Begründung kann nur dann Einverständnis fördern, wenn sie nicht nur als Vorbringung von Entscheidungsfaktoren verstanden wird, die zwar als juristisch akzeptabel gelten (wie Berufung auf den Gesetzestext, dogmatische Figuren und Konstruktionen), aber für die Entscheidungsfindung gar nicht ausschlaggebend waren. Selbstverständlich gibt es Fälle, in denen diese Faktoren tatsächlich entscheidungsleitend sind, also Darstellung *und* Herstellung tragen. *Lautmann* bezeichnet diese Entscheidungsart als „Konstruktionsstrategie" und nimmt an, daß sie in der Praxis etwa in gleichem Ausmaß wie die „Ergebnisstrategie" angewandt werde, bei der die Entscheidung auf vordogmatischer Bewertung der Ergebnisalternativen beruhe[51]. Auch in den letztgenannten Fällen setzt Legitimation durch Begründung vor allem voraus, daß Herstellung und Darstellung zur Deckung gebracht werden, d. h. daß die ergebnisorientierten Motive und Ziele zunächst einmal offengelegt werden und die Ur-

---

[49] Damit soll nichts darüber ausgesagt sein, ob die Rechtsprechung ihre Aufgaben zur Zeit, gemessen an ihren Kompetenzen und Möglichkeiten, optimal erfüllt.

[50] Vgl. o. I 3.

[51] Vgl. Justiz — die stille Gewalt, S. 83 ff. sowie oben Teil 2 II 3. Dogmatik kann ihre Aufgabe, ständiges Neuargumentieren zu erübrigen (vgl. *Esser* [Fn. 5], S. 88), nur erfüllen, wenn ihre Normvorschläge nicht zu untragbaren Ergebnissen führen. Andernfalls ist der Rückgriff auf vordogmatische Wertungen schwer vermeidlich.

teilsbegründung den Prozeß der Auswahl und die ratio der Normalternative rekonstruiert. Da das für die Normbildung charakteristische Element die Zwecksetzung ist[52], hat die Begründung sich vornehmlich auf diese zu beziehen.

An diese Art von Begründungen sind allerdings ganz andere Anforderungen zu stellen als an die Subsumtion. Dort sind es vorgegebene Zielvorstellungen und Wertpräferenzen, die der Richter in kunstgerechtem Vollzug des formellen Programms durch Auslegung, „denkenden Gehorsam" etc. umsetzt. Die Begründung betrifft folglich die richtige, widerspruchsfreie Ableitung der Fallentscheidung aus dem Gesetz; dargestellt werden Korrektheit, Distanz, Stringenz, Determinierung durch das Gesetz; kurz: die klassische Subsumtion wird kausal begründet.

Die Begründung der Normsetzung hingegen muß deren *finalen* Charakter entsprechen, d. h. den an einer Wertentscheidung des Normgebers orientierten Vorzug einer möglichen Norm oder Auslegung vor der oder den anderen transparent machen und für diesen Vorzug um Zustimmung werben.

Nur durch eine derartige Übereinstimmung von Urteilsfindung und -begründung, die eine Kritik der Entscheidung und die Formulierung von Alternativen, aber auch ihre Billigung ermöglicht, ist die dezisionistische „Lösung" des Problems der Justizautonomie zu unterlaufen. Sowie ein Werturteil mit dem Anspruch auf allgemeine Zustimmung auftritt, muß es diesen Anspruch durch Begründung einlösen — gerade dadurch unterscheidet es sich vom unverbindlichen persönlichen Wollen und Meinen[53].

b) Folgenerwägungen als Begründungshilfe:

Über den Wert einer Normwahl ist nur anhand ihrer (erstrebten oder erreichten) Ergebnisse zu diskutieren. Ohne Folgenerwägungen gibt es also weder, wie wir oben festgestellt haben, eine sinnvolle *Setzung* von Normen noch, so können wir jetzt sagen, eine überzeugende oder wenigstens auf Konsens gerichtete *Begründung*.

Demnach dient das Verfahren der konkretisierenden Komparation nicht nur zur Entscheidungsfindung, sondern kann auch als Begründungsstrategie dienen. Eine geläufige Variante findet sich etwa im bekannten argumentum ad absurdum: „Wollte man anders entscheiden, würden sich unerträgliche Zustände ergeben"; „dieses Ergebnis kann vom Gesetz nicht gewollt sein"; usw.

---

[52] Vgl. *Hopt*, JZ 1972, 65 ff.
[53] Vgl. *Hoerster*, Utilitaristische Ethik und Verallgemeinerung, S. 59.

II. Folgenerwägungen als Legitimationsgrundlage des Richterrechts?

Oft kann allerdings die Richtigkeit eines Ergebnisses nicht anhand einer absurden Alternative zur Evidenz gebracht werden. Vielmehr wird es notwendig, wenigstens implizit eine Präferenzregel einzuführen, die die Bevorzugung des einen möglichen Ergebnisses rechtfertigt, etwa derart: Die Folgen eines Verbots der Telefonwerbung sind deshalb besser als die Folgen einer Zulassung, weil die Intimsphäre im Kollisionsfall ein höherrangiges Rechtsgut als die Wettbewerbsfreiheit ist.

Eine Urteilsbegründung, die auf Konsens abzielt, muß sich letztlich um Akzeptierung dieser Vorzugsregel bemühen.

Nun können Folgenprognosen *per se* weder die konkrete Beurteilung der Entscheidungsalternativen als (un-)erwünscht noch die dieser Stellungnahme zugrunde liegende Vorzugsregel begründen. Werturteile sind auf (aktuelle oder prospektive) Tatsachen nicht unmittelbar zurückführbar. Folgenprognosen können als solche auch nicht die immanente Grenze des Utilitarismus überwinden, der zwar die Qualität jeweiliger Handlungskonsequenz zum Kriterium der Richtigkeit einer Handlung erhebt, jedoch keine Aussagen über diese Qualität selbst, also die Maßstäbe von Utilität macht[54]. Sie vermögen m. a. W. den Rekurs auf eine „Supernorm"[55], eben die Vorzugsregel, nicht zu ersetzen.

Der eigentliche Beitrag von Folgenerwägungen zu einer Legitimation durch Begründung liegt vielmehr darin, daß sie einmal aus der Sicht des Entscheidenden den argumentativen Rahmen erweitern und so Begründung, das Werben um Zustimmung erleichtern, zugleich aber aus der Sicht der Betroffenen und der Öffentlichkeit die entscheidungsleitenden Wertpräferenzen transparent und damit akzeptabel oder kritisierbar machen[56]. Die Steigerung der Begründungskapazität durch Folgenerwägungen beruht darauf, daß sie die verstärkte Einbeziehung von aa) gesetzlichen Wertentscheidungen und bb) topischen und prinzipienorientierten Argumenten in die Urteilbegründung ermöglichen.

Dieser Nutzen ist wiederum am Beispiel des § 1 UWG zu belegen:

aa) Eröffnung des Rekurses auf gesetzliche Wertungen:

Folgenerwägungen können dazu dienen, einen Konnex zwischen richterlicher Entscheidung und Gesetz auch in den Fällen herzustellen,

---

[54] Vgl. *Hoerster*, S. 12 f. sowie oben Teil 4 III 2.
[55] Diese wird auch vom sog. „Beratungs-" und „Moralprinzip" für die Begründung von Zwecken und Normen vorausgesetzt, vgl. *Schwemmer*, Grundlagen einer normativen Ethik, S. 88 f. und dazu *Kambartel*, Wie ist praktische Philosophie konstruktiv möglich?, S. 15 f.
[56] Ähnlich *Winter*, Rechtstheorie 1971, 179.

in denen das Gesetz keine abstrakte Vor-Entscheidung des konkreten Falles bereithält. Dieser Konnex ist nicht der einer logischen „Ableitung" aus dem Gesetz, auch nicht der einer formalisierten „Analogie", die eine vermeintliche „Lücke" durch die Übertragung der gesetzlichen Regelung eines „ähnlichen" Falles zu schließen vorgibt, sondern ein lockererer, der die *Vereinbarkeit* einer richterlichen Entscheidung mit andernorts positivierten legislativen Wertentscheidungen aufzeigen kann, im günstigsten Fall auch das Argument erlaubt, ein ins Auge gefaßtes Ergebnis sei mit gewissen gesetzlichen Zielsetzungen *unvereinbar* bzw. werde umgekehrt von ihnen *gefordert*.

Für diesen Wert von Folgenerwägungen bietet die Fallsammlung in Teil 3 einige Beispiele:

Auf die ordnungspolitischen Zielsetzungen des GWB wird etwa in den Fällen 6 ff. rekurriert, wenn ausgeführt wird, Wettbewerbshandlungen, die die Aufhebung des Wettbewerbs zur Folge hätten, seien wegen dieser voraussehbaren Folge unzulässig.

Im Fall 15 leitete man die Unzulässigkeit einer Werbemaßnahme aus ihrer Eignung zur Konzentrationsförderung ab; eine Folge, die man aufgrund der wirtschaftspolitischen Unerwünschtheit weiterer ökonomischer Konzentration (die in den §§ 22 ff. GWB ihren Niederschlag gefunden hat) negativ bewertete.

Im Fall 16 wurde eine Erhöhung der Marktzutrittsschranken für newcomer vorausgesehen; auch dieser Tendenz will das GWB entgegenwirken, vgl. §§ 18 Nr. 2 i. V. m. lit. b), 26 II GWB.

Auch auf grundgesetzliche Wertungen wurde zurückgegriffen, so auf die Verbürgung der Pressefreiheit in Art. 5 GG, die man in den Fällen 26 und 27 durch eine bestimmte Konkurrenz gefährdet sah.

Ihre dogmatische Absicherung findet die Heranziehung von Grundrechtsnormen zur Lösung privater Rechtsstreitigkeiten in der Lehre von der mittelbaren Grundrechtsdrittwirkung[57], die insbesondere in den zivilrechtlichen Generalklauseln „Einfallstore" für grundgesetzliche Wertungen sieht. Hier müssen jedoch einige Vorbehalte angemeldet werden.

Der Rekurs auf die Verfassung ist zwar optisch besonders wirksam; er darf aber nicht dazu verleiten, über die zahlreichen Grundrechtsfriktionen hinwegzusehen, die oft den Verweis auf einen verfassungsrechtlichen Wertgesichtspunkt nur unter willkürlicher Vernachlässigung entgegenstehender Rechte und Prinzipien erlauben. Man denke

---

[57] Grundlegend *Dürig*, Festschrift für Nawiasky, S. 157 ff.

etwa an das Spannungsverhältnis von gewerblichen (Art. 12, 14) und Kommunikationsgrundrechten (Art. 5) in den zahlreichen Boykottfällen[58], den Konflikt zwischen Kunstfreiheit und Persönlichkeitsrecht[59], ja selbst zwischen Religionsfreiheit und Berufsausübung[60]; ferner an Konflikte zwischen individuellen Grundrechten und verfassungskräftig verankerten Gemeinschaftsinteressen[61] usw. Insbesondere die allgemeine Handlungsfreiheit des Art. 2 I GG kommt bei vielen Abwägungen ins Spiel — eine Folge der inhaltlichen Weite dieses Auffanggrundrechts. Im Recht des unlauteren Wettbewerbs etwa kann sich jeder Geschäftsmann auf die Werbefreiheit als Bestandteil des Art. 2 I berufen, was für denjenigen, der die Werbung in irgendeiner Form beschränken will, einen zusätzlichen Argumentationszwang bedeutet.

Das „Wertsystem des Verfassungsgesetzes" ist eben nicht so konsistent, als daß es bei fehlenden gesetzlichen Einzelregelungen oder bei Wertungswidersprüchen „als vorrangige Rechtsquelle maßgebend" sein könnte[62]. Vielmehr ist es auch hier erst die Rechtsprechung, die von Fall zu Fall die notwendigen Präferenzen bestimmter Werte zu Lasten anderer vornimmt, ohne ihrerseits höherrangige Vorzugsregeln aus der Verfassung gewinnen zu können.

Immerhin: Folgenerwägungen gestatten u. U. den Verweis darauf, der bevorzugte Wert sei *auch* von der Verfassung anerkannt und berücksichtigt. Seine volle argumentative Wirkung gewinnt dieser Hinweis allerdings erst durch eine Begründung, warum nicht mögliche konkurrierende Werte bevorzugt wurden. In immer noch mustergültiger Form ist eine derartige Abwägung etwa im Lüth-Fall vorgenommen worden[63].

bb) Rekurs auf Gemeinplätze und anerkannte Prinzipien:

Folgenerwägungen gestatten es in vielen Fällen, das hinlänglich persiflierte „Wo kämen wir da hin?" bzw. „Wenn das alle täten!" argumentativ nutzbar zu machen, vorausgesetzt, diese Vorhersagen sind keine substanzlosen Beschwörungen, sondern können angeben, warum diese oder jene Entwicklung oder Handlung offensichtlich negative Folgen haben werde. Dabei wird man sich über die negative Bewertung

---

[58] Vgl. nur BVerfGE 7, 198 — „Lüth"; 25, 256 — „Blinkfüer" und zuletzt OLG Stuttgart JZ 1975, 698 m. Anm. *Sambuc*.
[59] Vgl. BVerfGE 30, 173 — „Mephisto".
[60] Vgl. BVerfGE 24, 236 — „Aktion Rumpelkammer". Weitere Beispiele bei *Esser*, Werte als Grundlagen der Rechtsanwendung, S. 9.
[61] Zu den verschiedenen Typen von Grundrechtskonflikten vgl. *Lepa*, DVBl. 1972, 161.
[62] So aber *Rüthers*, Die unbegrenzte Auslegung, S. 438.
[63] BVerfGE 7, 198 (207 ff.).

noch verhältnismäßig schnell einig sein, wenn es um topoi wie Belästigung der Allgemeinheit, Gefährdung der Intimsphäre, übermäßige kommerzielle Inanspruchnahme der Öffentlichkeit usw. geht, oder um allseits akzeptierte Prinzipien wie Leistungswettbewerb, Konsumentenschutz oder Wohlstandssteigerung, auch wenn diese in Gesetzesbestimmungen keinen für eine Urteilsbegründung verwertbaren Niederschlag gefunden haben.

Die Gefahr liegt hier vielmehr darin, daß derartige Gemeinsamkeit verbürgernden Gesichtspunkte ohne genügende Absicherung ihrer empirischen Basis verwendet werden.

Damit kommen wir zu dem Problem, dem wir uns im letzten Abschnitt zuwenden wollen. Es liegt auf der Hand, daß Folgenerwägungen den ihnen hier zugeschriebenen Nutzen, nämlich

— Ermöglichung von Normbildungen, die auf die soziale Wirklichkeit in einer zweckrationalen Weise einwirken können (vgl. o. I. 3.);

— Beitrag zu zwei wichtigen Legitimationsfaktoren, nämlich Erfolg und Begründung von Entscheidungen;

nur entfalten können, wenn die Prognosen einigermaßen „stimmen". Wir sind bis jetzt davon ausgegangen, Gerichte könnten ihr Entscheidungspotential deshalb gezielt einsetzen, weil sie in der Lage seien, die Folgen ihrer alternativen Verhaltensweisen zutreffend abzuschätzen. Diese Voraussetzung ist jedoch höchst fragwürdig und bedarf daher einer näheren Untersuchung.

Sechster Teil

Instrumentale Bedingungen der Normbildung durch Gerichte

I. Information

„Daß eine erfolgreiche Gesetzgebung unmöglich ist ohne Kenntnis der Tatsachen und Gesetzmäßigkeiten des sozialen Lebens, welches sie regeln will, das ist so selbstverständlich, daß hier von einem Problem gar nicht die Rede sein kann[1]."

Dem wird man in der Tat nicht widersprechen können. Ein Problem stellt sich aber dann, wenn man nach der tatsächlichen Kompetenz zur zutreffenden Erfassung gesellschaftlicher Wirklichkeit des Gesetzgebers und, in unserem Zusammenhang, des sozialgestaltenden Richters fragt. Normbildung impliziert ja nicht nur die Zielvorstellung einer „guten Ordnung", sondern auch das Haben und zweckmäßige Einsetzen von Mitteln, die eine Kongruenz des gegebenen und des angestrebten Zustandes herbeiführen können.

Auch Folgenprognostik ist diesen Zweifeln ausgesetzt und damit zugleich ihr doppelter Wert als Entscheidungs- und Begründungshilfe. Unwahrscheinliche Voraussagen vermögen weder eine zweckrationale Regelbildung zu tragen noch als Vorstufe einer argumentativen Begründung von Wertpräferenzen zu dienen.

Im folgenden soll untersucht werden, inwieweit die Justiz nach ihren informatorischen, prognostischen und technologischen Kapazitäten zur Sozialsteuerung durch Regelbildung überhaupt fähig ist.

Jegliches finale Verhalten ist blind ohne Kenntnis der Verhältnisse, die es vorfindet und auf die es einwirken will. Daher ist auch die Lenkung sozialen Verhaltens ohne Informationen über soziologische, wirtschaftliche, psychologische usw. Gegebenheiten nicht möglich.

Andererseits ist die Informationserlangungs- und Verarbeitungskapazität jedes Individuums beschränkt[2], gleiches gilt für Organisationen. Darf das Informationsproblem selbst für die Gesetzgebung nicht

---

[1] *Kantorowicz*, Rechtswissenschaft und Soziologie, S. 117.
[2] Vgl. *Kirsch*, Entscheidungsprozesse I, S. 83 ff.

als gelöst gelten³, so erscheint es im Hinblick auf eine quasi-gesetzgeberisch agierende Justiz um so dringender.

Deren Informationskrise betrifft nicht nur die Verarbeitung eines unübersehbar gewordenen *Rechtsstoffs*⁴, sondern ebenso die Erfassung der gegebenen und zukünftigen *Lebenssachverhalte*. Es erscheint fraglich, ob der Beibringungsgrundsatz unseres Zivilprozesses a) den Anforderungen noch gerecht werden kann, die an das Informationssystem einer (Auch-)Rechtsetzungsinstanz gestellt werden müssen, b) nicht bereits heute dort einer Art Amtsermittlung gewichen ist, wo Gerichte den Tatsachenvortrag der Parteien unaufgefordert durch eigene Prognosen ausbauen, aus denen dann die entscheidenden rechtlichen Schlüsse gezogen werden.

Diese Frage soll hier nicht vertieft werden. Stellvertretend für alle gerichtlichen „Tatsachenfeststellungen"⁵ wird stattdessen deren schwierigste eingehend behandelt, die Prognose.

II. Gerichtliche Prognosen

Prognosen, die dem Regelvollzug dienen, können wir hier vernachlässigen, da sie im Vergleich mit regelbildenden Prognosen keine besonderen Probleme aufwerfen. Bei der Regelbildung sind die Annahmen über mögliche Auswirkungen der zur Wahl stehenden Entscheidungsalternativen hingegen von großer Bedeutung⁶.

Ebenso wie das Präjudiz selbst dient auch die möglicherweise entscheidungstragende Prognose zur Entlastung bei der Beurteilung zukünftiger, gleichgelagerter Fälle. Ersteres erübrigt die neuerliche Aufbereitung einer problematischen gesetzlichen Vorschrift, letztere die Erstellung einer eigenen auf Auswirkungsprognosen abstellenden Begründung. Die Entscheidung BGHZ 54, 188⁷ beispielsweise stellt nicht nur eine Regel bereit („Telefonwerbung ist wettbewerbswidrig"), sondern zugleich eine folgenorientierte Begründung („weil sie zur Belästigung des privaten Lebensbereichs führen würde").

Der Instanzrichter kann sich nach dieser Entscheidung nicht nur bei der Lösung des Konflikts zwischen Wettbewerbsfreiheit und Schutz der

---
³ Vgl. *Noll*, Gesetzgebungslehre, S. 86 ff.
⁴ Zu diesem Problem vgl. *S. Simitis*, Informationskrise des Rechts und Datenverarbeitung.
⁵ Zu den nicht weniger schwierigen „Tatsachenfeststellungen des Bundesverfassungsgerichts" vgl. die gleichnamige Schrift von *Philippi* und speziell zum Prognoseverfahren ebda. S. 28 ff., 56 ff., 124 ff.
⁶ Vgl. o. Teil 5 I 3.
⁷ s. o. Teil 3 Fall 30.

Intimsphäre unter Berufung auf die persuasive Autorität des BGH für den Vorrang der Privatheit entscheiden; auch die Auswirkungsprognose bietet sich als problemlos wiederholbarer, da auf höchstrichterlicher Erkenntnis beruhender Begründungsgesichtspunkt an.

Wenn Folgenvorhersagen der Obergerichte nicht nur konstituierende Faktoren der eigentlichen Regelbildung, sondern für die Untergerichte zugleich beliebig verwendbare Wirklichkeitsschablonen darstellen, läßt dieser Umstand die Frage nach ihrer prognostischen Qualität um so dringlicher erscheinen.

Betrachten wir daraufhin einige Prognosen, die der Fallsammlung in Teil 3 entnommen sind:

— Gratisverteilung von Originalware führt „zu einer unangemessenen Verminderung des Rohgewins" (OLG Celle im Fall 1);
— wenn die progressive Kundenwerbung Schule machen sollte, würde das zu einer untragbaren allgemeinen Beunruhigung des wirtschaftlichen und privaten Lebens führen (BGH Fall 5);
— eine Gegenmaßnahme wird um so nachdrücklicher sein, je erfolgreicher der Konkurrent gewesen ist (BGH Fall 6);
— die Wiederholung der Verteilung von 4,5 Mio. Gutscheinen zum Gratisbezug von $1/4$ l Wein „würde unerträgliche Verhältnisse schaffen" (OLG Koblenz Fall 12);
— die Zulassung von Regalmieten und Sortimentsführungsprovisionen wäre konzentrationsfördernd (OLG Düsseldorf Fall 15);
— die Anerkennung der unmittelbaren Übernahme einer durch erhebliche Kosten und Mühen errungenen Leistung würde den „Anreiz zur Entwicklung fortschrittlicher Leistungen" nehmen (BGH Fall 31).

Vor einer Stellungnahme zum Wert derartiger Prognosen erscheint es sinnvoll, die Aussagen der zuständigen Sozialwissenschaften hinsichtlich der Bedingungen und Möglichkeiten von Vorhersagen zu erkunden.

III. Prognosen in den Sozialwissenschaften

Wir folgen hier zunächst dem sog. kritischen Rationalismus, da dieser in seinem Selbstverständnis als empirisch-analytische Richtung der Sozialwissenschaft mehr als andere wissenschaftstheoretische Schulen die Bereitstellung von technisch verwendbarem und nomologischem (auf Gesetze gerichtetem) Wissen zu seinem Anliegen gemacht hat[8].

---

[8] Zum technischen Erkenntnisinteresse der emprisch-analytischen Wissenschaften vgl. *Habermas*, Erkenntnis und Interesse, S. 155 ff.

1. Hypothetisch-deduktive Prognosen

a) Logische Struktur[9]:

Ausgehend von einem gegebenen Zustand (den Anfangs- oder Randbedingungen) wird nach einem „Gesetz", einer bewährten Theorie gesucht, in deren Wenn-Komponente diese Randbedingungen enthalten sind. Die Dann-Aussage der Theorie enthält so die Prognose:

G (allgemeines Gesetz)	Explikans
A (singuläre Anfangsbedingung)	Prämissen
P (Prognose)	Konklusion

Anhand eines unserer Beispiele hätte dieser Schluß logisch also folgende Form:

G: Weil Gegenmaßnahmen im Wettbewerb um so nachdrücklicher sind, je erfolgreicher der Konkurrent gewesen ist,

A: und weil die massenhafte kostenlose Verteilung von Waschmitteln eine erfolgreiche Werbeaktion war

P: werden die Gegenmaßnahmen der Konkurrenten nachdrücklich sein.

Es liegt auf der Hand, daß der Aussagegehalt derartiger Prognosen entscheidend von der Qualität der Prämissen abhängt. Die Voraussage wird um so exakter sein, d. h. um so mehr Möglichkeiten zukünftiger Entwicklung ausschließen, je präziser das Gesetz formuliert ist. Beispielsweise wäre ein „Gesetz" wie: „Die Mitbewerber reagieren auf neuartige Werbemethoden eines Konkurrenten mit Nachahmung oder nicht mit Nachahmung" ohne jeden Informationsgehalt. Folglich würde auch eine daraus abgeleitete Prognose für die Zukunft keine Möglichkeit ausschließen und wäre daher sinnlos.

Andererseits ist selbst das bewährteste und präziseste Gesetz, soll es verläßliche Prognosen ermöglichen, auf eine zutreffende empirische Feststellung der in der Theorie vorausgesetzten Randbedingungen angewiesen. Wäre in unserem Beispiel die Gratisverteilung von Waschmitteln aus betriebswirtschaftlicher Sicht ein Fehlschlag gewesen, so würde sich die Vorhersage nachdrücklicher Gegenmaßnahmen der Kon-

---

[9] Zum folgenden vgl. *Popper*, Naturgesetze und theoretische Systeme, S. 95 f.; *Prim / Tilmann*, Grundlagen einer kritisch-rationalen Sozialwissenschaft, S. 102 ff.; *Kühn*, Das Problem der Prognose in der Soziologie, S. 47 ff.; *Albert*, Theorie und Prognose in den Sozialwissenschaften, S. 130 ff.; *Opp*, Soziologie im Recht, S. 26 f., 87 ff. Andere Prognoseverfahren werden vernachlässigt, soweit sie vor ähnlichen Schwierigkeiten stehen wie hypothetisch-deduktive Prognosen. Im Modellverfahren beträfe die Unsicherheit etwa die Zusammensetzung des Ursachenkomplexes durch die Variablen und deren „Relevanz", vgl. *Philippi* (Fn. 5). Zur Trendprognose vgl. unten 2.

kurrenten selbst dann als falsch erweisen[10], wenn das „Eskalationsgesetz" als unwiderlegt gelten dürfte.

Nun verfügen aber die Sozialwissenschaften im Gegensatz zu den Naturwissenschaften (etwa der Astronomie oder Physik) nur über wenige hinreichend bewährte[11] Theorien. Selbst weit fortgeschrittene Prognostiken wie die der Nationalökonomie sind daher mit erheblichen Unsicherheiten belastet[12].

b) Alltagstheorien:

Die Theorien, mit denen Gerichte ihre Prognosen im Bereich des wirtschaftlichen Wettbewerbs abstützen, sind also — gemessen jedenfalls an den Ansprüchen des kritischen Rationalismus, nicht unbedingt an verwertbaren Angeboten der Einzeldisziplinen — unwissenschaftlich. Es handelt sich um Vorstellungen von regelhaften psychologischen, wirtschaftlichen etc. Abläufen, mit denen sich der Richter die Handlungsweisen von Kaufleuten, Wirtschaftsunternehmen und Verbrauchern, makroökonomische Prozesse usw. erklärt. Derartige Vorstellungen, die sich der ökonomische, anthropologische etc. Laie von schwer durchschaubaren, komplexen Ausschnitten der Wirklichkeit macht, nennt die Soziologie „Alltagstheorien" oder „pragmatische Theorien"[13].

Offenbar ist es unvermeidlich, daß sich auch der Richter mit Hilfe von Alltagstheorien Vorgänge in der Wirklichkeit erklärt und voraussagt und sich so von den Verhältnissen, mit denen er konfrontiert wird, „ein Bild macht". Können wir trotzdem an die Qualität dieser Annahmen bestimmte Anforderungen stellen?

c) Wissenschaftliche und Alltagstheorien:

Zunächst wird man verlangen dürfen, daß Gerichte nicht an überkommenen pragmatischen Theorien festhalten, die gesicherten (sozial-)wissenschaftlichen Erkenntnissen widersprechen. Nach den Beobachtungen von *Opp*[14] und *Lautmann*[15] neigen insbesondere Strafrichter

---

[10] Oder aus anderen Gründen als richtig, was die Vorhersage gleichwohl als Zufallstreffer disqualifiziert.
[11] Zur Prüfung von Theorien durch Suche nach Widersprüchen vgl. *Albert*, Traktat über kritische Vernunft, S. 43; *Popper* (Fn. 9), S. 96 ff.
[12] Gleichgültig, ob sie mit hypothetisch-deduktiven Prognosen, Projektionen oder Trendextrapolationen arbeitet, vgl. *Kühn* (Fn. 9), S. 92 ff.
[13] Vgl. statt aller *Lautmann*, Justiz — die stille Gewalt, S. 21 ff., 57 ff. und zu ihrer Bedeutung in der Rechtsprechung *Kübler*, Über die praktischen Aufgaben zeitgemäßer Privatrechtstheorie.
[14] KJ 1970, 383 ff.; (Fn. 9), S. 83 ff.
[15] Ebda. (Fn. 13), S. 59.

dazu, auf liebgewordenen Alltagstheorien auch dann zu beharren, wenn konkurrierende sozialwissenschaftliche Theorien zu gegenteiligen Aussagen gelangt sind.

Ein ähnlicher Vorwurf bleibt der Rechtsprechung zum Unlauterkeitsrecht schon deshalb erspart, weil alternative wissenschaftliche Gesetze zu den hier in Frage stehenden pragmatischen Annahmen nicht oder fast nicht existieren. Was *Noll* für die Legislative feststellt, gilt für die Justiz in noch stärkerem Maße: „Auf den sozialen Gesamtzustand bezogene prognostische Techniken, die für den Gesetzgeber verwendbar wären, fehlen... noch fast ganz[16]."

Die Wertschätzung, die Soziologen den Alltagstheorien im Hinblick auf praktischen Nutzen einzuräumen bereit sind, nimmt im übrigen in dem Maße zu, in dem Zweifel an der hinreichenden Quantität oder der Validität sozialwissenschaftlicher Theorien gehegt werden. So läßt *Opp*, der die Leistungsfähigkeit soziologischer Theorien außerordentlich hoch einschätzt, an den Alltagstheorien kein gutes Haar („Die soziologischen Theorien mögen noch so schlecht sein: Sie sind in jedem Fall irgendwelchen juristischen Alltagsthorien, die allein aufgrund irgendeines Evidenzgeühls akzeptiert werden, dessen Herkunft man nicht genauer spezifizieren kann und das man vornehm ‚Lebenserfahrung' nennt, überlegen[17]."), während etwa *Kühn* ihnen wohlwollender gegenübersteht: „Ohne Zweifel wird eine Instanz, die sich auf ad-hoc-Prognosen oder ‚allgemeine Erfahrungsregeln' verläßt, mit Fehlschlägen rechnen müssen. Doch auch der Theoretiker sieht sich ja vor ständige Revisionen seiner Hypothesen gestellt. Freilich gibt es Problemsituationen, in denen wir die ‚Sünde', auf dem Gebiet unseres theoretischen Wissens nicht mehr getan zu haben, bereuen[18]."

2. Projektionen und Trendprognosen

Diese Prognoseformen sind insbesondere in den Wirtschaftswissenschaften weit verbreitet. Sie beruhen allgemein auf der Erkenntnis der relativen Invarianz und zeitlichen Stabilität sozialer Prozesse und versuchen, dieses Wissen für Vorhersagen nutzbar zu machen[19].

Auch individuelles Verhalten ist in ähnlicher Weise in die Zukunft projizierbar, da die weitaus meisten menschlichen Handlungen routine-

---

[16] Gesetzgebungslehre, S. 95.
[17] Ebda. (Fn. 14), S. 397.
[18] Ebda. (Fn. 9), S. 61. Zu den Schwierigkeiten einer „Emanzipation von den Alltagstheorien" vgl. auch *Friedrichs*, Methoden empirischer Sozialforschung, S. 113.
[19] Vgl. dazu *Rothschild*, Wirtschaftsprognose, S. 20 ff.; *Albert*, Probleme der Theoriebildung, S. 63 f.; *Kühn* (Fn. 9), S. 92 ff.; *Philippi* (Fn. 5), S. 143 ff.; *Jöhr / Kneschaurek*, Die Prognose als Basis der Wirtschaftspolitik, S. 419 ff.

und gewohnheitsmäßig erfolgen und ein Verhalten mit ziemlicher Sicherheit voraussehbar ist, wenn man weiß, wie der Betreffende in einer früheren vergleichbaren Situation gehandelt hat[20].

In der analysierten Rechtsprechung finden sich Beispiele für die prognostische Fortschreibung aktueller Entwicklungen, etwa die Annahme einer weiteren wirtschaftlichen Konzentration[21] oder die Qualifizierung gewisser Werbemaßnahmen als trendmäßig[22].

IV. Der Wert gerichtlicher Prognosen

Gemessen an den hohen Ansprüchen und dem subtilen Instrumentarium der Prognostik mancher Sozialwissenschaften erscheint die Voraussagepraxis der Justiz in jeder Hinsicht dürftig. Die meist recht unpräzisen Gehalte ihrer Prognosen bestätigen, daß es sich hier überwiegend um rein intuitive, auf Erfahrung beruhende Annahmen handelt — selbst dann, wenn sie sich in die logischen Schemata wissenschaftlicher Prognosen einordnen lassen.

Indes waltet in den Vorhersagen der Gerichte auch kein allzu ambitionierter prognostischer Ehrgeiz. Solange die zuständigen Sozialwissenschaften keine Hilfestellung bieten, kann die Alltagsprognostik der Justiz nur in ebenso pragmatischer Weise überprüft und kritisiert werden. In vielen Fällen des Unlauterkeitsrechts dürfte es den Gerichten allerdings gelungen sein, durch den Rekurs auf einen gemeinsamen Fundus von Verhaltenserwartungen die Vorhersagen wettbewerblichen Agierens plausibel zu machen. Das gilt etwa für die Annahme, die in den referierten Fällen eine ganz zentrale Rolle einnimmt, daß nämlich ein Konkurrent die erfolgreiche Werbemaßnahme eines Wettbewerbers nachahmt[23].

Eine derartige Plausibilität von im strengen Sinne „unwissenschaftlichen" Vorhersagen ist beim derzeitigen Stand unseres empirisch-analytischen Wissens im Bereich der Soziologie, Sozialpsychologie und positiven Ökonomie im Gerichtsverfahren oft am besten geeignet, einen Konsens über mögliche zukünftige Entwicklungen unter den Beteiligten zu erzielen. Im übrigen bleibt dem Richter, der ja unter Entscheidungszwang steht, gar nichts anderes übrig, als sich mangels gesicherter wissenschaftlicher Erkenntnisse bei der Erklärung und Vorhersage tatsächlicher Vorgänge mit seinem Alltagsweltbild zu behelfen.

---

[20] Vgl. *Katona*, Rational Behavior and Economic Behavior, S. 53.
[21] Vgl. Teil 3 Fall 15.
[22] Etwa der Wertreklame oder der Telefonwerbung.
[23] Diese These dürfte im übrigen durch Erkenntnisse der Marktformenlehre zumindest für enge Oligopole gestützt werden.

6. Teil: Instrumentale Bedingungen der Normbildung durch Gerichte

Andererseits hat es keinen Sinn, die Unzulänglichkeiten der gegenwärtigen Praxis zu leugnen.

So ist es z. B. nicht einleuchtend, warum Gratisverteilung von Originalware zu einer „unangemessenen Verminderung des Rohgewinns" führen soll[24]. Daß überhaupt eine Gewinnminderung eintreten werde — was immer dann „unangemesen" sei — beruht auf der zusätzlichen, unbegründeten und wohl auch unbegründbaren Annahme, die Werbemethode sei betriebswirtschaftlich erfolglos, führe also letztlich keine Bruttogewinnsteigerung herbei.

Ferner setzt selbst eine pragmatische Kontrolle und Kritik ein Mindestmaß an Bestimmtheit bei der Vorhersage künftiger Entwicklungen voraus. Mutmaßungen über eine „Schädigung der Allgemeinheit"[25] oder „unerträgliche Verhältnisse"[26], über „Verwilderung der allgemeinen Wettbewerbssitten"[27] und „Übersteigerung des allgemeinen Wettbewerbs"[28] zielen kaum auf reflektierte Zustimmung, sondern wollen durch derartige Beschwörungen kritischen Nachvollzug eher verhindern.

Es finden sich aber auch Folgeprognosen, die zwar in ihrer Aussage verhältnismäßig exakt, aber zumindest unabgesichert, wenn nicht falsch sind.

Dazu gehört aus den oben referierten Entscheidungen die Annahme des BGH in Fall 31, die Verwehrung eines über die Sonderschutzrechte hinausgehenden Nachahmungsschutzes würde sich fortschrittshemmend auswirken. Dabei können wir vernachlässigen, daß im konkreten Fall diese Annahme nicht ausschlaggebend war (angesichts der Geringwertigkeit der schöpferischen Eigenleistung der Klägerin sicherlich zu Recht); es geht vielmehr darum, ob die aus dem Patentwesen stammende „Ansporungstheorie" eine tragfähige Begründung für die Ausdehnung des Nachahmungsschutzes über die Sondergesetze des gewerblichen Rechtsschutzes hinaus liefern kann. Die Ansporungstheorie rechtfertigt die Gewährung befristeter Monopolstellungen hinsichtlich der Verwertung von Erfindungen mit der Annahme, der Anreiz zu fortschrittlichen technischen Entwicklungen (Inventionen) und deren Anwendung (Innovationen) könne am besten dadurch sichergestellt

---

[24] OLG Celle in Teil 3 Fall 1.
[25] RG in Teil 3 Fall 2.
[26] OLG Koblenz in Fall 12.
[27] OLG Düsseldorf in Fall 15.
[28] LG Berlin in Fall 22. Diese Formulierung suggeriert, es gebe eine Art „gesunder" Wettbewerbsintensität, ohne die möglichen Kriterien ihrer Überschreitung anzugeben (Existenzvernichtung des Konkurrenten? Unternehmenskonzentration? Belästigung des Publikums? usw.).

werden, daß dem Erfinder und seinem Geldgeber vorübergehend Monopolgewinn hinsichtlich der Erfindungsverwertung eingeräumt werde[29].

Diese Annahme ist in ihrer Allgemeinheit sowohl für das Patentwesen als auch für einen Nachahmungsschutz durch das UWG fragwürdig. Zwar ist die Anspornungstheorie insoweit allgemein anerkannt, als in der Tat durchweg von der Notwendigkeit einer Aussicht auf besonderen Gewinn ausgegangen wird, um für besondere Anstrengungen einen Anreiz zu bieten[30]. Aber es ist völlig ungewiß, 1) ob und wann bereits der allein durch die Erfindung gewonnene Wettbewerbsvorsprung den anspornenden Zusatzgewinn sichert, so daß jeder staatliche Zusatzschutz die Nachahmung und den Wettbewerb auf Kosten der Allgemeinheit unnötig behindert, 2) wann dies nicht der Fall ist, so daß der Abstand zwischen Invention bzw. Innovation und Nachahmung künstlich aufrechterhalten werden muß, 3) welchen sachlichen und zeitlichen Umfang der Schutz gegebenenfalls haben muß, um sowohl die Anspornungswirkung als auch den Nachahmungswettbewerb im Verhältnis zueinander optimal zur Geltung zu bringen — ein Problem, das die Wirtschaftswissenschaft noch nicht geklärt hat[31].

Überdies beziehen Schutzrechte ihre anspornende Wirkung nicht aus der nachträglichen Einzelgewährung, sondern aus der erfindungsmotivierenden Erwartung zukünftiger Sondergewinne aus zukünftig gewährten Schutzrechten. Bestehende Einzelschutzrechte und -monopole gehen stets zu Lasten der Allgemeinheit; Nutzen kann nur ein System schaffen, das die Erfüllung der Erwartungen auf Zusatzgewinn zuverlässig verbürgt[32], ohne die monopolitstischen Reservate auf Kosten der Allgemeinheit zu weit auszudehnen. Die optimale Austarierung dieser gegenläufigen Bestrebungen kann gegenwärtig mangels wissenschaftlicher Grundlagen weder vom Gesetzgeber noch von Gerichten erreicht werden, weshalb *Machlup* hinsichtlich des Patentschutzes für eine Beibehaltung des status quo plädiert[33]. Dieser Gesichtspunkt spricht zugleich dagegen, den Nachahmungsschutz durch richterliche Normsetzung im Rahmen des § 1 UWG weiter auszudehnen.

Dieses Beispiel zeigt, daß auch Prognosen, die auf den ersten Blick plausibel erscheinen, falsch sein können und folglich die darauf ge-

---

[29] Vgl. *Machlup*, GRUR Int. 1961, 377; *Bernhardt*, Die Bedeutung des Patentschutzes in der Industriegesellschaft, S. 15 f.
[30] Vgl. *Machlup*, S. 384 m. w. N.
[31] Vgl. *Machlup*, S. 387.
[32] Vgl. *Machlup*, S. 480.
[33] „Wenn man nicht weiß, ob ein System ‚als Ganzes' (im Gegensatz zu bestimmten Elementen oder Bestandteilen) gut oder schlecht ist, so ist die sicherste Folgerung, die sich ziehen läßt, die, so wie bisher weiterzumachen." (S. 537)

stützten Normen möglicherweise das Gegenteil von dem erreichen, was sie intendieren. Wo immer möglich, sollte die Gefahr derartiger „sozialwissenschaftlicher Fehlurteile" durch die Einholung fremder Sachkenntnisse gemindert werden.

Daß gerichtliche Prognostik nicht dilettantisch sein muß, beweist die Rechtsprechung des Bundesverfassungsgerichts. So kommt *Philippi* aufgrund der Untersuchung von konkurrierenden Prognosen des Gesetzgebers und des Bundesverfassungsgerichts zu dem Schluß, „daß Prognoseverfahren des Bundesverfassungsgerichts... insgesamt denen des Gesetzgebers im rationalen Denkansatz typischerweise überlegen sind"[34] und bewertet die Prognosetätigkeit dieses Gerichts insgesamt als „sehr positiv". Das bedeutet zugleich, daß die bedauerliche Unterentwicklung prognostischen Wissens nicht einseitig gegen die normsetzende Funktion der Rechtsprechung überhaupt ins Feld geführt werden darf. Da der Gesetzgeber denselben Schwierigkeiten unterliegt, kann es nur darum gehen, *beide* Instanzen für ihre jeweiligen Normsetzungsaufgaben durch die Bereitstellung sozialwissenschaftlicher Erkenntnisse optimal zu befähigen[35].

Hier tut sich für die Kooperation zwischen Rechts- und Sozialwissenschaften ein weites Feld auf. Erste Erfahrungen liegen vor und sind ermutigend[36].

V. Technologie

Schon beim Vergleich juristischer mit betriebswirtschaftlichen und politikwissenschaftlichen Entscheidungsmodellen war der vergleichsweise äußerst beschränkte Aktionsspielraum der Gerichte unübersehbar, die — abgesehen von der Möglichkeit eines Vergleichs in den Tatsacheninstanzen — eben nur der Klage bzw. Revision (ganz oder teilweise) stattgeben oder sie zurückweisen können. Zwar sind im Hinblick auf die präjudizielle Funktion insbesondere höchstrichterlicher Entscheidungen Abstufungen und Erläuterungen ihrer ratio und Tragweite in der Urteilsbegründung möglich, jedoch können auch diese

---

[34] *Philippi* (Fn. 5), S. 183.

[35] Zur sachlichen Kompetenz des Gesetzgebers skeptisch auch *Duden*: „... gegen das nicht selten zu hörende Argument der Nichteignung oder Überforderung der Gerichte durch die Fortbildungsaufgabe möchte ich hinweisen auf die ebenso tief in der Sache begründete Bedingtheit der einschlägigen Leistungsfähigkeit des Gesetzgebers ..." (Diskussionsbemerkung in *Pehle / Stimpel*, Richterliche Rechtsfortbildung, S. 32).

[36] Ein eindrucksvolles Beispiel für die Verwertung soziologischer und sozialpsychologischer Erkenntnisse im juristischen Entscheidungsprozeß bietet das Lebach-Urteil des BVerfG (Bd. 35, 302). Vgl. dazu ausführlich *Kübler* (Hrsg.), Medienwirkung und Medienverantwortung.

lediglich die Abgrenzung von zulässig und unzulässig sowie ähnlicher Dualismen verfeinern, nicht aber die Dichotomie juristischen Entscheidens selbst beseitigen.

Durch diese Undifferenztiertheit des Instrumentariums ergeben sich für die Einflußmöglichkeiten auf den Wettbewerb und die Sozialsteuerung durch Richterspruch ganz allgemein gravierende Beschränkungen. Durch Verbote lassen sich bestenfalls unerwünschte Entwicklungen abblocken. Eine planmäßige Zukunftsgestaltung (z. B. die Herstellung kompetitiver Marktstrukturen, eines pluralistischen Pressewesens usw.) kann mit Restriktionen allein nicht geleistet werden.

Auch Folgenerwägungen können nur zur Tatbestandsbildung herangezogen werden, nicht hingegen den Rechtsfolgenbestand gesetzlicher Normen erweitern. In dieser technologischen Beschränkung liegt eine Grenze, die die Justiz allein nicht überwinden kann.

Zusammenfassende Thesen

1. Generalklauseln sind Delegations- oder Blankettnormen, d. h. sie ermächtigen Gerichte zur eigenständigen Normbildung.

2. Diese Aufgabe wird vornehmlich von den Obergerichten wahrgenommen, deren Entscheidungen bei den Untergerichten eine gesetzesähnliche Autoriät genießen und im Wege dieser informellen Präjudizienbindung generelle Geltung erlangen.

3. Das Verständnis der Generalklauseln als Delegationsnormen ist keine punktuelle Durchbrechung der dichotomischen Funktionen Rechtsetzung und Rechtsanwendung, sondern Ausdruck einer Konvergenz beider Funktionen, die einerseits in der Verfassungs-, d. h. Gesetzgebundenheit der Legislative, andererseits in der — je nach Rechtsgebiet unterschiedlich weitgehenden — Normsetzungsbefugnis der Judikative zum Ausdruck kommt.

4. Charakteristische Folge der Normbildungsdelegation wie jeder Eröffnung von Interpretationsspielräumen ist die Möglichkeit alternativer Entscheidungen.

5. Zumindest bei Generalklauseln vermag die klassische juristische Auslegungslehre den justiziellen Entscheidungsprozeß, der zur Auswahl einer der möglichen Normalternativen führt, weder anzuleiten noch zu kontrollieren.

6. Zumindest die obergerichtliche Rechtsprechung zu § 1 UWG bewältigt das Auswahlproblem stattdessen weitgehend durch die Vergegenwärtigung und Bewertung der möglichen sozialen Folgen der einzelnen Entscheidungsalternativen.

7. Dieses quasi-legislatorische Vorgehen zeigt, daß die oberinstanzliche Zivilrechtsprechung ihre Normbildungsaufgabe bei fehlenden gesetzlichen Regelungen bewußt wahrnimmt.

8. Bei der Ausfüllung ihrer Entscheidungsspielräume legen Gerichte nicht nur den Inhalt der jeweiligen konkretisierungsbedürftigen Norm fest, sondern zugleich den Umfang ihrer eigenen Regelungskompetenz. Sie können so die Kompetenzgrenzen gegenüber den anderen staatlichen Gewalten und gesellschaftlichen Selbststeue-

rungsmechanismen verschieben. Ein Beispiel dafür ist die Einführung und Ausdehnung der „sozialrechtlichen Unlauterkeit" im Rahmen des § 1 UWG.

9. Angesichts eines hohen sozialen Strukturbedarfs einerseits, der beschränkten Regelungskapazität des Gesetzgebers andererseits ist die Normbildung durch Gerichte ein unverzichtbares Element staatlicher Ordnung.

10. Ein Versagen der Rechtsprechung bei ihrer Normbildungsaufgabe würde Legitimität und Stabilität des gesamten politischen Systems gefährden.

11. Die traditionelle Legitimationskette, die richterliches Entscheiden durch reine Normanwendung auch inhaltlich auf formelle Gesetze zurückführen wollte, bricht durch die Delegation der Normsetzung an Gerichte auseinander.

12. Die Fiktion des Fortbestehens dieser Ableitung einer Einzelfallentscheidung aus dem allgemeinen Gesetz führt dort, wo sie von den Rechtssuchenden als solche erkannt wird, zum Schwund des Vertrauens in die Justiz. Ein Beispiel bietet die Rechtsprechung zu § 1 UWG der zwanziger Jahre.

13. Der Verbindlichkeitsanspruch richterlicher Normbildung verlangt nach anderen Legitimationsmustern als sie die klassische Methodenlehre für den vermeintlichen Normalfall der bloßen Gesetzesanwendung vorsieht.

14. Justizielle Normbildung kann sich legitimieren durch die Qualität ihrer Ergebnisse und/oder durch die Begründung ihrer Zielsetzungen.

15. Folgenerwägungen können zur Qualität richterlicher Regelbildungen beitragen, indem sie eine zweckrationale Verfolgung von Regelungszielen ermöglichen. Die Regelungsziele, d. h. Wertpräferenzen vermögen sie per se aber nicht zu begründen.

16. Folgenerwägungen können aber zur Begründung von Regelungszielen beitragen, da sie die Feststellung der Vereinbarkeit oder Unvereinbarkeit prospektiver Entscheidungsfolgen mit positivierten gesetzlichen Wertungen, Rechtsprinzipien oder unmittelbar evidenten topoi erlauben.

17. Dieser Wert von Folgenerwägungen (15 und 16) steht und fällt mit der Validität der Prognosen über die Folgen der jeweiligen Entscheidungsalternativen.

18. Alltagstheorien haben hier nur beschränkten Wert, während andererseits die sozialwissenschaftliche Prognostik noch weitgehend unterentwickelt ist.

19. Dieses Manko betrifft nicht nur die Justiz, sondern auch den parlamentarischen Gesetzgeber. Es kann daher nicht als Argument gegen die Normbildungsaufgabe der Rechtsprechung überhaupt gelten.

20. Langfristig müssen vielmehr beide Gewalten befähigt werden, ihre jeweiligen Normsetzungsaufgaben optimal zu erfüllen und dazu sozialwissenschaftliche Erkenntnisse in Anspruch zu nehmen.

Literaturverzeichnis

Albert, Hans: Probleme der Theoriebildung, in: ders. (Hrsg.), Theorie und Realität, Tübingen 1964, S. 3 ff.
— Theorie und Prognose in den Sozialwissenschaften, in: Topitsch (Hrsg.), Logik der Sozialwissenschaften, 6. Aufl., Köln/Berlin 1970, S. 126 ff.
— Traktat über kritische Vernunft, 2. Aufl., Tübingen 1969.

Adomeit, Klaus: Methodenlehre und Juristenausbildung, ZRP 1970, S. 176 ff.
— Rechtsquellenfragen im Arbeitsrecht, München 1967.

Ballweg, Ottmar: Rechtswissenschaft und Jurisprudenz, Basel 1970.

Baumbach, Adolf: Gesetzgeberische Gedanken zum Wettbewerbsrecht, DJZ 1931, S. 58 ff.
— Kommentar zum Wettbewerbsrecht, 1. Aufl., Berlin 1929.
— / *Hefermehl*, Wolfgang: Wettbewerbs- und Warenzeichenrecht, Bd. I, 11. Aufl., München 1974.

Bendix, Ludwig: Zur Psychologie der Urteilstätigkeit des Berufsrichters und andere Schriften, hrsg. von Manfred Weiss, Neuwied/Berlin 1968.

Berger, Peter L. / *Luckmann*, Thomas: Die gesellschaftliche Konstruktion der Wirklichkeit — Eine Theorie der Wissenssoziologie, 4. Aufl., Frankfurt/M. 1974.

Bernhardt, Wolfgang: Die Bedeutung des Patentschutzes in der Industriegesellschaft, Köln 1974.

Birk, Rolf: Die Ankündigung von Rechtsprechungsänderungen, JZ 1974, S. 735 ff.

Blank, Hans-Joachim: Stichwort „Legalität und Legitimität" in Axel Görlitz (Hrsg.): Handlexikon zur Politikwissenschaft, Bd. I, Reinbek 1973.

Böhm, Franz: Wettbewerb und Monopolkampf, Berlin 1933.

Böhm, Wolfgang: Überlegungen zur Zukunft der juristischen Dogmatik, DRiZ 1973, S. 269 ff.

Breithaupt, Walter: Die guten Sitten, JZ 1964, S. 283 ff.

Brohm: Winfried: Gegenwärtige Tendenzen in der Reform der Juristenausbildung, DRiZ 1974, S. 273 ff.

Burmann, Hans: Marktbezogene Unlauterkeit als eigenständiger Tatbestand, WRP 1967, S. 385 ff.
— Wettbewerbsrecht und gewerblicher Rechtsschutz — Die Entwicklung vom Persönlichkeitsrecht zum Funktionsrecht im Wettbewerb, WRP 1968, S. 258 ff.

Cahn, Hugo: Über die Kerngedanken einiger neuerlicher Wettbewerbsentscheidungen, Gutachten und Abhandlungen, MuW 1931, S. 241 ff.

Callmann, Rudolf: Der unlautere Wettbewerb, 2. Aufl., Mannheim/Berlin/Leipzig 1932.

Coing, Helmut: Zur Ermittlung von Sätzen des Richterrechts, JuS 1975, S. 277 ff.

Dawson, John P.: The Oracles of the Law, Ann Arbor 1968.

Denninger, Erhard: Staatsrecht, Bd. I, Reinbek 1973.

Dickinson, John: Legal Rules: Their Function in the Process of Decision, 79 U. of Pa. L. R. (1931), S. 833 ff.

Döll, Hermann: Die Berücksichtigung der Nachahmungsgefahr bei Wettbewerbsverstößen, BB 1965, S. 173 ff.

Dürig, Günter: Grundrechte und Zivilrechtsprechung, in: Festschrift für Hans Nawiasky, München 1956, S. 157 ff.

Ecker, Walther: Gesetzesauslegung vom Ergebnis her, JZ 1967, S. 265 ff.

Eckhoff, Torstein / *Jacobsen*, Knut Dahl: Rationality and Responsibility in Administrative and Judical Decision Making, Copenhagen 1960.

Eckhold-Schmidt, Fridel: Legitimation durch Begründung — Eine erkenntniskritische Analyse der Drittwirkungs-Kontroverse, Berlin 1974.

Ehrlich, Eugen: Die juristische Logik, AcP 115 (1917), S. 125 ff.

Eichmann, Helmut: Auswirkungen des Grundgesetzes auf die Werbepraxis, GRUR 1964, S. 57 ff.

Eikenberg, Henning: Voraussetzungen und Schwierigkeiten der empirischen Erforschung richterlicher Entscheidungsgrundlagen, JbRSozRTh Bd. I, Bielefeld 1970, S. 361 ff.

Esser, Josef: Dogmatik zwischen Theorie und Praxis, in: Festschrift für Ludwig Raiser, Tübingen 1974, S. 517 ff.

— Grundsatz und Norm in der richterlichen Fortbildung des Privatrechts, 3. Aufl., Tübingen 1974.

— Möglichkeiten und Grenzen des dogmatischen Denkens im modernen Zivilrecht, AcP 172 (1972), S. 97 ff.

— Not und Gefahren des Revisionsrechts, JZ 1962, S. 513 ff.

— Vorverständnis und Methodenwahl in der Rechtsfindung, Frankfurt/M. 1970.

— Werte als Grundlage der Rechtsanwendung, in: ders. / Erwin Stein: Werte und Wertewandel in der Gesetzesanwendung, Frankfurt/M. 1966.

Fischer, Robert: Die Weiterbildung des Rechts durch die Rechtsprechung, Karlsruhe 1971.

Fischer, W.: Grundlagen des Wettbewerbsrechts, GRUR 1929, S. 1074 ff.

Friedrich, Carl J.: Politik als Prozeß der Gemeinschaftsbildung — Eine empirische Theorie, Köln/Opladen 1970.

Friedrichs, Jürgen: Methoden empirischer Sozialforschung, Reinbek 1973.

Gadamer, Hans-Georg: Wahrheit und Methode — Grundzüge einer philosophischen Hermeneutik, 2. Aufl., Tübingen 1965.

Gaedertz, Alfred-Carl: Das „Anzapfen" in wettbewerbsrechtlicher Sicht, WRP 1973, S. 250 ff.

Gäfgen, Gérard: Theorie der wirtschaftlichen Entscheidung, 3. Aufl., Tübingen 1974.

Gehlen, Arnold: Moral und Hypermoral — Eine pluralistische Ethik, Frankfurt/M. / Bonn 1969.

Germann, Oscar Adolf: Präjudizien als Rechtsquelle, Stockholm/Göteborg/Uppsala 1960.

Gernhuber, Joachim: Lehrbuch des Familienrechts, 2. Aufl., München 1971.
Girth, Peter / *Sack*, Rolf: Die Werbung mit der Inflation, WRP 1974, S. 181 ff.
Godin, Reinhard Frhr. v.: Zu § 1 UWG und § 826 BGB, MuW 1930, S. 42 ff.
Goldbaum, Wenzel: Der neue Formalismus in der Rechtsprechung über den unlauteren Wettbewerb, GRUR 1927, S. 781 ff.
Habermas, Jürgen: Legitimationsprobleme im Spätkapitalismus, Frankfurt/M. 1973.
— Strukturwandel der Öffentlichkeit, 6. Aufl., Neuwied/Berlin 1974.
— Theorie der Gesellschaft oder Sozialtechnologie? Eine Auseinandersetzung mit Niklas Luhmann, in: ders. / Niklas Luhmann: Theorie der Gesellschaft oder Sozialtechnologie — Was leistet die Systemforschung?, Frankfurt/M. 1971, S. 142 ff.
— Vorbereitende Bemerkungen zu einer Theorie der kommunikativen Kompetenz, in: Theorie der Gesellschaft ..., S. 101 ff.
— Erkenntnis und Interesse, in: ders.: Technik und Wissenschaft als „Ideologie", 2. Aufl., Frankfurt/M. 1969, S. 146 ff.
Harder, Herrmann L. v.: Zum Unwerturteil der Werbeübersteigerung, GRUR 1962, S. 439 ff.
Heck, Philipp: Das Problem der Rechtsgewinnung, 2. Aufl., Tübingen 1931.
— Begriffsbildung und Interessenjurisprudenz, hrsg. von Roland Dubischar, Bad Homburg 1968.
— Gesetzesauslegung und Interessenjurisprudenz, hrsg. von Roland Dubischar, Bad Homburg 1968.
— Was ist diejenige Begriffsjurisprudenz, die wir bekämpfen?, DJZ 1909, S. 1457 ff.
Hedemann, Justus Wilhelm: Die Flucht in die Generalklauseln — Eine Gefahr für Recht und Staat, Tübingen 1933.
Hefermehl, Wolfgang: Der Anwendungsbereich des Wettbewerbsrechts, in: Festschrift für Hans Carl Nipperdey, München/Berlin 1955, S. 283 ff.
— Verbraucherschutz im Wettbewerbsrecht, in: Festschrift für Walther Kastner, Wien 1972, S. 183 ff.
Heldrich, Andreas: Höchstrichterliche Rechtsprechung als Triebfeder sozialen Wandels, JbRSozRTh Bd. III, Gütersloh 1972, S. 305 ff.
Hilger, Marie Luise: Überlegungen zum Richterrecht, in: Festschrift für Karl Larenz, München 1973, S. 109 ff.
Hoerster, Norbert: Utilitaristische Ethik und Verallgemeinerung, Freiburg/München 1971.
Hoffmann-Riem, Wolfgang: Medienwirkung und Medienverantwortung, in: Friedrich Kübler (Hrsg.) Medienwirkung und Medienverantwortung — Überlegungen und Dokumente zum Lebach-Urteil des Bundesverfassungsgerichts, Baden-Baden 1975, S. 19 ff.
Holmes, Oliver W.: The Path of Law, 10 Harvard L. R. (1897), S. 457 ff.
Hopt, Klaus J.: Anmerkung zu BGH JZ 1974, 548; JZ 1974, S. 551 ff.
— Finale Regelungen, Experiment und Datenverarbeitung in Recht und Gesetzgebung, JZ 1972, S. 65 ff.
— Rechtssoziologische und rechtsinformatorische Aspekte im Wirtschaftsrecht, BB 1972. S. 1017 ff.

Hopt, Klaus J.: Was ist von den Sozialwissenschaften für die Rechtsanwendung zu erwarten?, JZ 1975, S. 341 ff.

Horn, Norbert: Rationalität und Autorität in der juristischen Argumentation, Rechtstheorie 1975, S. 145 ff.

Hueck, Alfred / *Nipperdey*, Hans Carl: Lehrbuch des Arbeitsrechts II. Bd., 2. Halbbd., 7. Aufl., Berlin/Frankfurt/M. 1970.

Ipsen, Jörn: Richterrecht und Verfassung, Berlin 1975.

Isay, Herrmann: Die Gefährdung des gewerblichen Rechtsschutzes durch die Anwendung des § 1 UWG, GRUR 1928, S. 71 ff.

— Rechtsnorm und Entscheidung, Berlin 1929.

Jhering, Rudolf v.: Der Zweck im Recht, Bd. II, 5. Aufl., Leipzig 1916.

— Geist des römischen Rechts auf den verschiedenen Stufen seiner Entwicklung, II. Theil 2. Abt., 3. Aufl., Leipzig 1875.

— Vertrauliche Briefe über die heutige Jurisprudenz, in: Scherz und Ernst in der Jurisprudenz, 13. Aufl., Leipzig 1924.

Jöhr, Walter Adolf / *Kneschaurek*, Francesco: Die Prognose als Basis der Wirtschaftspolitik, in: Giersch / Borchardt (Hrsg.): Diagnose und Prognose als wirtschaftswissenschaftliche Methodenprobleme (Schriften des Vereins für Socialpolitik Bd. 25), Berlin 1962, S. 415 ff.

Kahn-Freund, Otto: Das soziale Ideal des Reichsarbeitsgerichts, in: Ramm (Hrsg.): Arbeitsrecht und Politik, Neuwied/Berlin 1966, S. 149 ff.

Kambartel, Friedrich: Wie ist praktische Philosophie konstruktiv möglich? Über einige Mißverständnisse eines methodischen Verständnisses praktischer Diskurse, in: ders. (Hrsg.): Praktische Philosophie und konstruktive Wissenschaftstheorie, Frankfurt/M. 1974, S. 9 ff.

Kantorowicz, Herrmann: Rechtswissenschaft und Soziologie, in: ders., Rechtswissenschaft und Soziologie, hrsg. von Thomas Würtenberger, Karlsruhe 1962, S. 117 ff.

Katona, George: Rational Behavior and Economic Behavior, in: Gore / Dyson (Hrsg.): The Making of Decisions, Glencoe 1964, S. 51 ff.

Kaufmann, Arthur: Durch Naturrecht und Rechtspositivismus zur juristischen Hermeneutik, JZ 1975, S. 337 ff.

Kielmannsegg, Peter Graf: Legitimität als analytische Kategorie, PVS 12 (1971), S. 367 ff.

Kilian, Wolfgang: Juristische Entscheidung und elektronische Datenverarbeitung, Frankfurt/M. 1974.

Kirchberger, Hans: Die Bedeutung von Mittel und Zweck im Wettbewerb, MuW 1933, S. 275 ff.

— Unlauterer, sittenwidriger und unerlaubter Wettbewerb, Berlin 1931.

Kirsch, Werner: Entscheidungsprozesse, Bd. I, Wiesbaden 1970.

Knöpfle, Robert: Der Rechtsbegriff „Wettbewerb" und die Realität des Wirtschaftslebens, Kartellrundschau Heft 7, Köln/Berlin/Bonn/München 1966.

Koch, Hans-Joachim: Zur Analyse richterlicher Entscheidungen, Diss. Ffm. 1971

— Zur Rationalität richterlichen Entscheidens, Rechtstheorie 1973, S. 183 ff.

Kohler, Josef: Der unlautere Wettbewerb, Berlin/Leipzig 1914.

Kötz, Hein: Über den Stil höchstrichterlicher Entscheidungen, Konstanz 1973 und DRiZ 1974, S. 146 ff., 183 ff.

Kraft, Alfons: Die Berücksichtigung wirtschaftspolitischer und gesellschaftspolitischer Belange im Rahmen des § 1 UWG, in: Festschrift für Horst Bartholomeyczik, Berlin 1973, S. 223 ff.
— Interessenabwägung und Gute Sitten im Wettbewerbsrecht, München/Berlin 1963.
Kriele, Martin: Theorie der Rechtsgewinnung entwickelt am Problem der Verfassungsinterpretation, Berlin 1967.
Kübler, Friedrich: Amt und Stellung des Richters in der Gesellschaft von morgen, DRiZ 1969, S. 379 ff.
— Kodifikation und Demokratie, JZ 1969, S. 645 ff.
— Über die praktischen Aufgaben zeitgemäßer Privatrechtstheorie, Karlsruhe 1975.
Kühn, Arthur: Das Problem der Prognose in der Soziologie, Berlin 1970.
Larenz, Karl: Die Bindung des Richters an das Gesetz als hermeneutisches Problem, in: Festschrift für E. R. Huber, Göttingen 1973, S. 291 ff.
— Lehrbuch des Schuldrechts, Bd. II, 10. Aufl., München 1972.
— Methodenlehre der Rechtswissenschaft, 3. Aufl., Berlin/Heidelberg/New York 1975.
Lautmann, Rüdiger: Die sogenannte Soziologisierung der Jurisprudenz, DRiZ 1970, S. 162 ff.
— Justiz — die stille Gewalt. Teilnehmende Beobachtung und entscheidungssoziologische Analyse, Frankfurt/M. 1972.
— Rolle und Entscheidung des Richters — Ein soziologischer Problemkatalog, JbRSozRTh I, Bielefeld 1970, S. 381 ff.
Lehmpfuhl: Anmerkung zu BGH GRUR 1965, 489; GRUR 1965, S. 493 f.
Lepa, Manfred: Grundrechtskonflikte, DVBl. 1972, S. 161 ff.
Lipset, Seymour Martin: Political Man — The Social Bases of Politics, Garden City, N. Y. 1963.
Lobe, Adolf: Die Bekämpfung des unlauteren Wettbewerbs, Bd. I: Der unlautere Wettbewerb als Rechtsverletzung, Leipzig 1907. Bd. III: Materialien des Gesetzes zur Bekämpfung des unlauteren Wettbewerbs vom 27. Mai 1896, Leipzig 1907.
— Die Entwicklung des Schutzes gegen unlauteren Wettbewerb nach der Rechtsprechung des Reichsgerichts, GRUR 1931, S. 1215 ff.
Löhr, H. Dieter: Anmerkung zu OLG Frankfurt WRP 1975, 367; WRP 1975, S. 370 ff.
Loewenheim, Ulrich: Suggestivwerbung, unlauterer Wettbewerb, Wettbewerbsfreiheit und Verbraucherschutz, GRUR 1975, S. 99 ff.
Luchterhandt, Hans-Friedrich: Die Rechtsprechung zur Sittenwidrigkeit der unmittelbaren Ausnutzung fremder Leistung, GRUR 1969, S. 581 ff.
Luhmann, Niklas: Funktionale Methode und juristische Entscheidung, AöR 94 (1969), S. 1 ff.
— Legitimation durch Verfahren, Neuwied/Berlin 1969.
— Positivität des Rechts als Voraussetzung einer modernen Gesellschaft, JbRSozRTh I, Bielefeld 1970, S. 175 ff.
— Recht und Automation in der öffentlichen Verwaltung — Eine verwaltungswissenschaftliche Untersuchung, Berlin 1966.

Luhmann, Niklas: Rechtssoziologie, 2 Bde., Reinbek 1972.
— Rechtssystem und Rechtsdogmatik, Stuttgart/Berlin/Köln/Mainz 1974.
— Soziologie des politischen Systems, in: Soziologische Aufklärung, Opladen 1970, S. 154 ff.

Lundberg, Craig C.: Administrative Decisions: A Scheme for Analysis, in: Gore / Dyson (Hrsg.) The Making of Decisions, Glencoe 1964, S. 17 ff.

Lüscher, Kurt: Jurisprudenz und Soziologie — Die Zusammenarbeit in einem konkreten Rechtsfall, in: Friedrich Kübler (Hrsg.): Medienwirkung und Medienverantwortung — Überlegungen und Dokumente zum Lebach-Urteil des Bundesverfassungsgerichts, Baden-Baden 1975.

Lutterbeck, Bernd: Entscheidungstheoretische Bemerkungen zum Gewaltenteilungsprinzip, in: Kilian / Lenk / Steinmüller (Hrsg.): Datenschutz, Frankfurt/M. 1973, S. 187 ff.

Machlup, Fritz: Die wirtschaftlichen Grundlagen des Patentrechts, GRUR Int. 1961, S. 373 ff., 473 ff., 524 ff.

Mayer, Otto: Die concurrence déloyale, ZHR 76 (1881), S. 363 ff.

Meier-Hayoz, Arthur: Der Richter als Gesetzgeber, Zürich 1951.

Mestmäcker, Ernst-Joachim: Über das Verhältnis des Rechts der Wettbewerbsbeschränkungen zum Privatrecht, AcP 168 (1968), S. 235 ff.

Meyer-Cording, Ulrich: Gute Sitten und ethischer Gehalt des Wettbewerbsrechts, JZ 1964, S. 273 ff.

Michaelis, Karl: Über das Verhältnis von logischer und praktischer Richtigkeit bei der sogenannten Subsumtion, in: Göttinger Festschrift für das OLG Celle, Göttingen 1961, S. 117 ff.

Mitscherlich, Alexander und Margarethe: Die Unfähigkeit zu trauern — Grundlagen kollektiven Verhaltens, München 1967.

Müller, Friedrich: Juristische Methodik, Berlin 1971.

Müller-Henneberg, Hans / *Schwartz*, Gustav (Hrsg.): Gesetz gegen Wettbewerbsbeschränkungen und Europäisches Kartellrecht — Gemeinschaftskommentar, 3. Aufl., Köln/Berlin/Bonn/München 1972 ff.

Naschold, Frieder: Organisation und Demokratie, Stuttgart 1969.
— Systemsteuerung, 2. Aufl., Stuttgart usw. 1971.

Nastelski, Karl: Schutz der Allgemeinheit im Wettbewerbsrecht, GRUR 1969, S. 322 ff.
— Unbestimmte Rechtsbegriffe, Generalklauseln und Revision, GRUR 1968, S. 545 ff.

Naucke, Wolfgang: Über die juristische Relevanz der Sozialwissenschaften, Frankfurt/M. 1972.

Nerreter, Paul: Allgemeine Grundlagen eines deutschen Wettbewerbsrechts, Berlin 1936.

Neumann, Franz: Der Funktionswandel des Gesetzes im Recht der bürgerlichen Gesellschaft, in: ders., Demokratischer und autoritärer Staat, hrsg. von Herbert Marcuse, Frankfurt/M. / Wien 1967.

Nipperdey, Hans Carl: Wettbewerb und Existenzvernichtung, Köln/Berlin 1930.

Noll, Peter: Gesetzgebungslehre, Reinbek 1973.
— Von der Rechtsprechungswissenschaft zur Gesetzgebungswissenschaft, JbRSozRTh II Düsseldorf 1972, S. 524 ff.

Opp, Karl-Dieter: Soziologie im Recht, Reinbek 1973.
— Zur Anwendbarkeit der Soziologie im Strafprozeß, KJ 1970, S. 383 ff.
Ott, Claus: Systemwandel im Wettbewerbsrecht, in: Festschrift für Ludwig Raiser, Tübingen 1974, S. 403 ff.
Pehle, Rudolf: Richterliche Rechtsfortbildung im gewerblichen Rechtsschutz, in: ders. / Stimpel: Richterliche Rechtsfortbildung, Karlsruhe 1969.
Perelman, Chaim: Droit, Logique et Argumentation, in: Le Champ de l'Argumentation, Bruxelles 1970, S. 139 ff.
— Raisonnement Juridique et Logique Juridique, in: Le Champ ..., S. 123.
Philippi, Klaus Jürgen: Tatsachenfeststellungen des Bundesverfassungsgerichts, Köln/Berlin/Bonn/München 1971.
Podlech, Adalbert: Wertungen und Werte im Recht, AöR 95 (1970), S. 183 ff.
Popper, Karl R.: Naturgesetze und theoretische Systeme, in: Albert (Hrsg.): Theorie und Realität, Tübingen 1967, S. 87 ff.
Prim, Rolf / *Tilmann*, Heribert: Grundlagen einer kritisch-rationalen Sozialwissenschaft, Heidelberg 1973.
Raiser, Ludwig: Die Zukunft des Privatrechts, Berlin/New York 1971.
— Marktbezogene Unlauterkeit, GRUR Int. 1973, S. 443 ff.
— Rechtsschutz und Institutionenschutz im Privatrecht, in: Summum ius summa iniuria, Tübingen 1963, S. 145 ff.
Redeker, Konrad: Legitimation und Grenzen richterlicher Rechtsetzung, NJW 1972, S. 409.
Reich, Norbert / *Wegener*, Hartmut: Verbraucherschutz und Wettbewerb, JuS 1974, S. 561 ff.
Rinck, Gerd: Gute Sitten im Wettbewerb, in: Göttinger Festschrift für das OLG Celle, Göttingen 1961, S. 151 ff.
Rothschild, Kurt W.: Wirtschaftsprognose — Methoden und Probleme, Berlin/Heidelberg/New York 1969.
Rottleuthner, Hubert: Richterliches Handeln — Zur Kritik der juristischen Dogmatik, Frankfurt/M. 1969.
— Rechtswissenschaft als Sozialwissenschaft, Frankfurt/M. 1973.
Rüssmann, Helmut: Die Begründung von Werturteilen, JuS 1975, S. 352 ff.
Rüthers, Bernd: Die unbegrenzte Auslegung — Zum Wandel der Privatrechtsordnung im Nationalsozialismus, 2. Aufl., Frankfurt/M. 1973.
Sack, Rolf: Sittenwidrigkeit, Sozialwidrigkeit und Interessenabwägung, GRUR 1970, 493.
Säcker, Franz Jürgen: Grundprobleme der kollektiven Koalitionsfreiheit, Düsseldorf 1969.
— Zielkonflikte und Koordinationsprobleme im deutschen und europäischen Kartellrecht, Düsseldorf o. J.
— Zur demokratischen Legitimation des Richter- und Gewohnheitsrechts, ZRP 1971, S. 145 ff.
Sambuc, Peter: Anmerkung zu BGH vom 19. 6. 70 — „Telefonwerbung", AfP 1971, S. 30 ff.
Sambuc, Thomas: Anmerkung zu OLG Stuttgart vom 4. 7. 1975, JZ 1975, S. 700 ff.
Savigny, Friedrich Carl v.: System des heutigen römischen Rechts, Bd. I, Berlin 1840.

Schaar, John H.: Legitimacy in the Modern State, in: Green / Levinson: Power and Community — Dissenting Essays in Political Science, New York 1970, S. 276 ff.

Schlink, Bernhard: Inwieweit sind juristische Entscheidungen mit entscheidungstheoretischen Modellen theoretisch zu erfassen und praktisch zu bewältigen? JbRSozRTh II, Düsseldorf 1972, S. 322 ff.

Schluep, Walter R.: Vom lauteren zum freien Wettbewerb, GRUR Int. 1973, S. 446 ff.

— Wirtschaftsrechtliche Aspekte der Werbung an das Unbewußte, ZSR 1973, S. 353 ff.

Schneider, Peter: Zur Problematik der Gewaltenteilung im Rechtsstaat der Gegenwart, AöR 82 (1957), S. 1 ff.

Schricker, Gerhard: Gesetzesverletzung und Sittenverstoß, München 1970.

— Unlauterer Wettbewerb und Verbraucherschutz, GRUR Int. 1970, S. 32 ff.

Schuppert, Gunnar Folke: Verfassungsgerichtsbarkeit und Politik, ZRP 1973, S. 257 ff.

Schwemmer, Oswald: Grundlagen einer normativen Ethik, in: Kambartel (Hrsg.): Praktische Philosophie und konstruktive Wissenschaftstheorie, Frankfurt/M. 1974, S. 73 ff.

Schwerdtner, Peter: Rechtswissenschaft und kritischer Rationalismus, Rechtstheorie 1971, S. 67 ff., 224 ff.

Seidman, Robert B.: The Judicial Process Reconsidered in the Light of Role-Theory, 32 Mod. L. R. (1969), S. 516 ff.

Seiffert, Helmut: Einführung in die Wissenschaftstheorie Bd. II, 5. Aufl., München 1973.

Simitis, Konstantin: Gute Sitten und ordre public — Ein kritischer Beitrag zur Anwendung des § 138 Abs. 1 BGB, Marburg 1960.

Simitis, Spiros: Die Bedeutung von System und Dogmatik — dargestellt an rechtsgeschäftlichen Problemen des Massenverkehrs, AcP 172 (1972), S. 131 ff.

— Informationskrise des Rechts und Datenverarbeitung, Karlsruhe 1970.

Simon, Herbert A.: The New Science of Management Decisions, New York 1960.

Smoschewer, Fritz: Zu Hermann Isays „Rechtsnorm und Entscheidung", GRUR 1929, S. 1265 ff.

Sombart, Werner: Die deutsche Volkswirtschaft im neunzehnten Jahrhundert und im Anfang des zwanzigsten Jahrhunderts, 4. Aufl., Berlin 1919.

Staudinger, J. v.: Kommentar zum BGB, Bd. I, Allg. Teil, 11. Aufl., erl. von Brändl und Coing, Berlin 1957.

Steindorff, Ernst: Die guten Sitten als Freiheitsbeschränkung, in: Summum ius summa iniuria, Tübingen 1963, S. 58 ff.

— Direktverkauf und Preisempfehlung, JZ 1959, S. 197 ff.

— Politik des Gesetzes als Auslegungsmaßstab, in: Festschrift für Karl Larenz, München 1973, S. 217 ff.

Teubner, Gunther: Standards und Direktiven in Generalklauseln — Möglichkeiten und Grenzen der empirischen Sozialforschung bei der Präzisierung der Gute-Sitten-Klauseln im Privatrecht, Frankfurt/M. 1971.

— Folgenkontrolle und responsive Dogmatik, Rechtstheorie 1975, S. 179 ff.

Thiedig, Klaus: Suggestivwerbung und Verbraucherschutz, Frankfurt/M. 1973.

Ulmer, Eugen: Wandlungen und Aufgaben im Wettbewerbsrecht, GRUR 1937, S. 769 ff.

Wassermann, Martin: Die nichteingetragene Marke im Verhältnis zum eingetragenen Warenzeichen, GRUR 1929, S. 413 ff.

Weber, Max: Wirtschaft und Gesellschaft, 4. Aufl., Tübingen 1956.

Weiss, Manfred: Die Theorie der richterlichen Entscheidungstätigkeit in den Vereinigten Staaten von Amerika, Frankfurt/M. 1971.

Wells, Richard S. / *Grossman*, Joel B.: The Concept of Judicial Policy-Making: A Critique, 15 J. of Publ. L. (1966), S. 286 ff.

Werner, Fritz: Zum Verhältnis von gesetzlichen Generalklauseln und Richterrecht, Karlsruhe 1966.

Wieacker, Franz: Das Sozialmodell der klassischen Privatrechtsgesetzbücher und die Entwicklung der modernen Gesellschaft, in: ders., Industriegesellschaft und Privatrechtsordnung, Frankfurt/M. 1974, S. 9 ff.

— Gesetz und Richterkunst, Karlsruhe 1958.

— Privatrechtsgeschichte der Neuzeit, 2. Aufl., Göttingen 1967.

— Zur praktischen Leistung der Rechtsdogmatik, in: Hermeneutik und Dialektik, Festschrift für Hans-Georg Gadamer, Bd. II, Tübingen 1970, S. 311 ff.

Wiethölter, Rudolf: Rechtswissenschaft, Frankfurt/M. 1968.

Windscheid, Bernhard: Die Aufgaben der Rechtswissenschaft, Leipzig 1884.

Winter, Gerd: Tatsachenurteile im Prozeß richterlicher Rechtsetzung, Rechtstheorie 1971, S. 171 ff.

Zippelius, Reinhold: Legitimation durch Verfahren?, in: Festschrift für Karl Larenz, München 1973, S. 293 ff.

— Wertungsprobleme im System der Grundrechte, München 1962.

Printed by Libri Plureos GmbH
in Hamburg, Germany